〈제2판〉

사회복지 프로그램 개발과 평가

조승석 · 맹두열 · 김학재

KNOWLEDGE COMMUNITY 공동체

사회복지서비스 조직은 대표적인 비영리조직이다. 이러한 사회복지 환경은 2000년대에 들어서면서 매우 빠르게 변화하고 있다. 가장 큰 변화 중 하나는 책무성(accountability)의 강조이다. 작게는 프로그램에 대한 것부터 크게는 클라이언트에 대한 내용까지를 포함한다. 비영리조직 중 하나인 사회복지서비스 조직의 책무성은 결국 좋은 프로그램의 개발과 평가를 통해 이루어진다.

또한 사회복지서비스 조직은 한정적인 재원을 바탕으로 조직을 운영한다. 국가나 지방자치단체에서 제공되는 예산은 그 목적에 맞게 사용해야 하기 때문에 일부 제한적일 수 있다. 하지만 사회복지서비스 조직은 클라이언트인 개인, 가족, 집단 및 지역사회의 욕구에 부합하는 사회복지 프로그램의 개발에 집중해야 할 필요성이 있다. 이제는 사회복지서비스 조직에서도 외부 재원을 확보하기 위해 좋은 프로그램을 개발하기 위한 경쟁을 시작한 것이다. 이미 사회복지 실천현장에서는 프로그램을 기획하는 담당자가 따로 있을 정도로 그 중요성은 점차 커지고 있다.

이처럼 프로그램의 중요성과 책임성은 확대되어 가는 데 반해 많은 학생들이 유독 프로그램 개발과 평가 과목을 어려워하고 꺼린다는 것을 평소 사회복지교과목들을 강의하면서 발견하게 되었다. 그것은 생각하기 싫어하고, 찾기 싫어하고, 쓰기 싫어하는 요즘 학생들의 세태가 반영된 것이라 생각한다. 그러나 사회복지사는 프로그램을 가지고 클라이언트의 문제와 욕구를 해결한다는 것을 결코 간과해서는 안 되며, 그것이 사회복지사의 존재 이유이고 전문성이다.

그래서 저자들은 사회복지 프로그램 개발과 평가를 처음 접하는 학생들이 프로그램 개발 평가라는 과목을 친숙하게 느끼고 미약하나마 본 서가 학생들에게 사회복지사로서의 전문성 확립과 역할수행을 위한 준비과정의 지침서가 되었으면 하는 바람을 가져본다.

특별히 이 책은 외부 재원 제공자의 입장에서도 쓰였다는 것이 가장 큰 장점이다. 저자들은 사회복지공동모금회와 지역사회복지관 등에서 10여 년 넘게 사회복지 실천경험을 가지고 있다. 그래서 누구보다도 프로그램 개발의 중요성과 필요성을 체감하였고, 지원기관과 수행기관의 양쪽 입장에서 실질적 경험을 통해 느꼈던 프로그램 개발과, 프로포절에 관한 아쉬웠던 점을 좀 더 이해하기 쉬운 최신 사례를 바탕으로 소개하려고 하였다.

본 서는 한국사회복지교육협의회의 기준에 따라 다음과 같이 구성하였다.

제1부와 제2부는 이론적인 부분으로 사회복지와 프로그램의 이해 및 사회복지 프로그램 개발과 평가의 과정에 대해 소개하고 있으며, 제3부는 실제 우수사례를 중심으로 사회복지 프로그램 기획에 대한 적용을 다루고 있다.

구체적으로 살펴보면, 제1부 사회복지 프로그램의 개발과 평가의 이해 부분에서는 1장 사회복지와 프로그램, 2장 사회복지 프로그램 개발과 평가의 이론적 모형, 3장 사회복지 프로그램의 기획에 대해서 소개한다. 제2부 사회복지 프로그램 개발과 평가의 과정은 4장 사회문제의 분석과 대상자 선정 과정, 5장 욕구조사 과정, 6장 목적과 목표의 설정, 7장 프로그램 설계와 개입과정, 8장 프로그램 수행 인력 구성 및 예산수립, 9장 프로그램의 실행, 10장 프로그램의 평가로 구성하였다. 마지막으로 제3부는 우리투게더(우리은행), 시청자미디어재단 및 세림복지재단의 신청사업 사례를 자세히 설명하였다.

집필하는 과정에서 세 명의 저자들은 여러 차례 만남을 가졌으며, 각자가 담당한 내용을 교환, 검토 및 수정하는 등 많은 노력과 정성을 다했다. 이러한 노력과 정성에도 불구하고 개선이 필요한 부분이 있으리라 생각한다. 독자분들의 아낌없는 충고와 격려를 바란다. 앞으로 저자 일동은 보다 간결하고 쉬운 내용으로 그리고 최신의 트렌드를 반영한 실제 사례를 소개할 수 있도록 지속적인 노력을 아끼지 않을 것을 약속한다.

끝으로 집필 동안 많은 불편과 스트레스를 감내해 준 저자 가족 여러분께 감사와 아울러 기쁨을 전한다. 또한 집필 계기를 제공한 공동체 김동훈 대표님과 본 서가 나오기까지 인내를 가지고 기다리며 격려해 주신 공동체 김동근 전무님 그리고 세심한 부분까지 교정과 보완을 해준 직원들께도 감사를 드린다.

2019년 8월

계양산 기슭에서

저자 일동

차 례

차례

PART 02 프로그램 개발과 평가의 과정

PART 01

프로그램 개발과 평가의 이해

chapter

01 사회복지와 프로그램

제1절 사회복지의 본질

1. 사회복지의 개념

사회복지(social welfare)는 개인들이 가지고 있는 욕구를 충족시키고 사회문제를 해결하기 위한 조직적인 활동이라고 할 수 있다. 여기에서 가장 핵심이 되는 것은 바로 '욕구'(need)와 '문제'(problem)라는 용어이다. 이들은 사회복지분야에서 가장 많이 사용되는 중심어휘로서, 사회복지의 대상들에게 서비스를 제공하는 미시적 접근방법인 '사회사업실천'(social work practice)과 거시적 접근방법인 '사회정책'(social policy) 사회복지 프로그램은 바로 추상적인 사회복지(사회사업실천+사회정책)를 구체적인 서비스로 전환시키는 매개체, 즉 수단이다. 사회복지 프로그램의 개발과 평가에 대한 구체적인 논의에 앞서 사회복지의 본질에 대하여 고찰해 보기로 한다.

사회복지의 의미를 한마디로 정리하기는 쉽지 않다. 따라서 여기에서는 사회복지의 의미를 분석적으로 파악해 보기 위하여 어의적 개념, 이념적 개념 및 기능적 개념으로 구분하여 살펴보기로 한다(박용순, 2002).

첫째, 사회복지의 대한 어의적 개념에 대하여 살펴보면, 사회복지는 '사회적'(social)이라는 단어와 '복지'(welfare)라는 단어의 합성어이다. 먼저, '복지'란 영어의 welfare로서, 만족스러운 상태, 충분한 상태, 불만이 없는 상태를 의미하며, 이는 행복의 전제조건이 되는 일상생활의 상황, 즉 인간이 생활하는 삶의 상태가 안녕(well-being)에 가까운 것이라고 할 수 있다. 따라서 복지는 만족스럽고 충분한 상태라는 뜻을 내포하고 있다.

한편 '사회적'이라는 용어는 다음과 같은 세 가지 의미로 파악될 수 있다. 즉, 서비스가 집합적인 행동(collective action)에 의하여 제공된다는 의미와 서비스의 목적이 사회적 욕구(social need)를 겨냥한다는 의미 및 서비스의 제공 동기가 이윤추구와 같은 경제적 동기가 아닌 상부상조 또는 이타주의와 같은 사회적 동기라는 의미를 함께 내포하고 있다(김성이 · 김상균, 1994).

이를 종합해 볼 때 첫째, 사회복지는 모든 인간의 쾌적하고 안정된 생활을 보장하기 위한 사회 구성원들의 공통적인 활동의 총체라고 할 수 있다.

둘째, 사회복지는 그것이 추구하는 이념적인 면에서 볼 때 인간의 ① 존엄성의 보장, ② 인간다운 생활의 보장, ③ 자립적인 생활의 촉진 등이 최고도로 실현되는 상황이라고 할 수 있다.

셋째, 사회복지는 기능적인 면에서 볼 때, 미시적으로는 전문적 기법(기술)을 활용하여 개인, 가족, 집단 및 지역사회의 욕구 충족이나 문제해결을 도와주는 구체적인 활동(사회사업실천)이며, 거시적으로는 법과 제도를 통해 전체 국민의 안락한 생활을 보장하기 위한 활동(사회정책)을 말한다.

2. 사회복지의 가치

사회복지의 가치를 크게 두 차원으로 구분하면 개인적 가치와 사회적 가치로 양분할 수 있다. 사회복지의 가치는 개인적으로 보면 모든 개인의 존엄성을 보장하는 것이라고 볼 수 있으며, 사회적으로 본다면 사회적 통합과 안정, 경제적 성장과 안정 및 정치적 발전과 안정이라고 할 수 있다.

1) 개인적 가치

개인의 존엄성은 개인이 교육수준, 직업, 사회경제적 지위, 종교, 연령, 성별 등의 차이에 관계없이 한 인간으로서 존엄한 가치를 지닌 존재라는 것을 의미한다. 모든 사회는 약자들의 생활상 곤란과 문제를 해결하는 것과 모든 개인들의 인간다운 생활을 확보하는 데 그 가치를 두고 있다. 이러한 목적을 실현하기 위한 구체적인 장치가 바로 사회복지인 것이다.

2) 사회적 가치

사회복지는 사회적 통합과 안정, 경제적 성장과 안정, 정치적 발전과 안정 등의 사회적 가치도 추구한다.

첫째, 사회복지는 사회적 가치로서 사회적 통합과 안정을 이루게 하는 데 목적을 두고 있다. 사회복지는 사회적으로 어려움을 겪는 구성원들이 복지적인 원조를 통하여 원만한 사회생활을 유지하게 함으로써, 개인적으로 사회생활을 잘 영위하도록 하는 것은 물론, 사회적으로는 통합과 안정을 이루게 한다.

둘째, 사회복지는 사회적 가치로서 경제적 성장과 안정을 이루게 하는 데 목적을 두고 있다. 사회복지는 사회 구성원들에게 건강과 보건, 교육, 주택, 기타 복지서비스 등을 제공함으로써 그들의 복지 증진은 물론, 인력의 질적 수준을 향상시킨다.

셋째, 사회복지는 사회적 가치로서 정치적 발전과 안정을 이루게 하는 데 목적을 두고 있다. 다원주의적 민주주의 발달로 인하여 한층 더 잘 갖추어진 조직력과 권력을 활용하여 더욱 자신의 이익을 증대시킴으로써 상대적으로 사회적 약자들에게 오히려 불평등을 조장한다. 따라서 사회복지는 이러한 불평등의 해소와 사회적 갈등을 해소하는 데 초점을 맞추려고 노력하고 있다.

제2절 사회복지 프로그램의 등장배경

1. 책무성(Accountability) 개념과 요구배경

사회복지 프로그램의 필요성은 책무성 위기에 대한 반응이라고 할 수 있다. 미국의 경우 사회복지 비용의 증가, 사회복지전문직이 제공하는 서비스의 효과성에 대한 객관적 제시의 실패, 인간서비스전문직이 자신들이 제공하는 서비스의 효과성을 정당화시키지 못했을 뿐 아니라 사회문제에 미치는 영향을 입증하는 데 실패함으로써 사회복지의 책무성 위기에 봉착하게 되었다.

점차 사회복지사업은 그 자체가 목적이 아니고 사회적으로 인정된 목표를 달성하는 수단으로 생각되게 되면서 사회복지기관들이 수행하는 모든 사업은 그것들이 사회적 목표를 달성하는 데 이바지할 수 있다는 것을 입증해야 할 필요성이 제기되고 있다.

요크(York)는 책무성이란 사회복지기관들이 수행하는 사업에 대한 정당한 분석과 설명을 제시할 수 있는 능력을 말한다고 하면서 프로그램 수행의 책임을 맡은 사람(program manager)에게 있어서 책무성이란 '주어진 돈으로 무엇을 성취하였는가를 객관적으로 증명함으로써 사업을 정당화할 수 있는 능력을 말한다'고 설명하였다.

뉴만(Newman)과 터렘(Turem)은 책무성이란 문제발견과 목표설정에 이르는 일련의 요소를 포함하며 사회문제를 해소하는 데 효율성과 효과성이라는 중심적인 문제를 제시한다고 설명하고 있다.

책무성이란 책임감(responsibility)보다 포괄적인 의미로, 책임감이 특정 과업의 수행에 대해 책임을 지는 것을 의미한다면 책무성은 그 수행의 정당성까지도 고려하는 개념으로 수행의 결과에 대한 책임감과 함께 투입단계에서부터 산출단계까지 과정상의 정당성도 갖추는 것을 의미한다.

사회복지전문직의 책무성은 업무결과에 대한 것뿐 아니라 도덕적 · 법률적 규범에 따라 행동함으로써 이용자에 대한 의무를 다하는 것을 의미한다. 결과(업무의 질과 양)뿐 아니라 과정(업무의 절차)에 대한 책임까지 포함하며 종사자가 논리적 · 기술적 · 법규적 기준에 따라 복지업무를 수행할 의무를 가진다는 의미이다.

사회복지를 둘러싼 외부환경의 변화 또한 사회복지조직의 책무성 인지에 영향을 미치고 있다.

① 사회복지공급주체의 다원화로 기존 사회복지기관(시설)의 형태를 문제 삼는 집단(종교기관, 시민단체 등)이 등장하였다(비민주적 운영사례, 후원금 관리의 투명성 의혹, 모금에 대한 행정비 과잉 지출 등).

② 지역주민의 욕구 반영과 참여 유도보다는 정부 의존적 운영, 사회복지사업들 간의 중복 등이 비체계적 저효율적인 형태의 원인이 되는데, 이러한 형태는 다양한 복지욕구에 대한 전문적이고 자율적이며 탄력적인 대응을 하는 것을 어렵게 만들고 있어 사회복지서비스 민영화를 통해 서비스의 경쟁력을 유도하려는 경향이 확산되고 있다.

③ 사회복지사업법의 개정에 따라 민간 사회복지기관, 시설들이 최소한 3년에 1회 이상 평가를 통해 책임성을 입증하도록 제도화되었다.

이 밖에 사회복지사들의 전문성에 대한 자긍심도 높아져 전문가적 성취와 자율성 추구, 정책결정에의 참여요구도 늘고 있다.

조직의 책무성 평가에 있어서 평가자의 독립성(감독기관이나 감사조직), 전문성(평가에 대한 기술뿐 아니라 사회복지조직에 대한 충분한 지식과 이해가 있는 사람이어야 한다) 또한 중시되고 있다.

2. 책무성의 유형

로지와 프리먼(Rossi & Freeman, 1993)은 적용의 책무성(coverage accountability), 서비스 전달 책무성(service deliver accountability), 영향 책무성(impact accountability), 효율성 책무성(efficiency accountability), 재정적 책무성(fiscal accountability), 법률적 책무성(legal accountability), 해들리와 미첼(Hadley & Mitchell, 1995)은 위 여섯 가지에 윤리적 책무성(ethical accountability), 이미지 책무성(image accountability), 욕구 책무성(need accountability)을 제시하였다.

(1) 적용의 책무성

제공하고자 하는 대상은 누구이며 어떤 특성을 가진 대상자를 선택할 것이며 서비스 내용은 무엇인가 등의 대상자들에 대한 적용에 관한 책무성

(2) 서비스 전달 책무성

서비스가 계획에 따라 잘 진행되도록 하며 자격 있는 종사자에 의해 전달되도록 할 책임

(3) 영향 책무성

서비스 대상자에게서 처음 의도한 대로 바람직한 변화가 일어났는지 여부에 대한 책임

(4) 효율성 책무성

비용의 효율성은 제대로 이루어졌는지에 대한 책임

(5) 재정적 책무성

재무회계와 관련된 집행 및 보고의 투명성에 대한 책임

(6) 법률적 책무성

모든 서비스는 법에서 요구하는 책무성이나 계약에 의한 조건들을 지켜야 할 책임. 개인의 비밀보장, 동등한 기회 부여

(7) 윤리적 책무성

법에서 명시하지 않은 경우 윤리적 책임성이 요구됨. 사회복지사의 윤리강령 준수 등

(8) 이미지 책무성

이용자에 대한 사회적 이미지가 중요하므로 이를 손상시키지 않을 책임. 사회적 이미지에 따라 가치 평가절하를 받을 수 있음

(9) 욕구 책무성

이용자 중심으로 서비스를 제공하기 위해서는 이용자의 욕구에 대한 책무성이 요구됨

제3절 사회복지실천의 요소

1. 주 체

1) 정부기관

(1) 중앙정부기관

보건복지부, 문화체육관광부, 교육부, 고용노동부, 방송통신위원회, 환경부, 경찰청 등

(2) 지방정부기관

특별시 · 광역시 · 도, 시 · 군 · 구, 읍 · 면 · 동 등

2) 공공기관

국민연금공단, 국민건강보험공단, 한국사회복지협의회, 사회복지공동모금회 등

3) 민간기관

각종 비영리기관이나 사회단체, 종교기관, 공제회·상조회·계 등의 자조조직

4) 사회복지전문가

사회복지사(1·2급), 의료사회복지사, 정신보건사회복지사, 사회복지전담공무원

5) 전문직종 종사자

교사, 심리학자 및 상담전문가, 정신건강의학과 의사 등

6) 개 인

자원봉사자 등

2. 대 상

1) 개인별

아동, 학생, 청소년, 노인, 여성, 장애인, 근로자, 군인, 전과자(범법자) 등

2) 집단별

가족, 집단, 조직, 지역사회 등

3) 상황별

사회 불평등, 빈곤, 일탈행동(비행), 사회해체(가족해체, 지역사회해체) 등

3. 방 법

1) 사회복지실천(Social Welfare) : 미시적 · 직접적 접근방법

사회복지실천의 전통적인 3대 방법인 case work, group work, community work 등이 상호 배타적으로 상이한 영역에서 나름대로 독자적으로 분화·발전되는 과정에서 나타나 미시적이고 근시안적 전문성과 폐쇄성을 극복하기 위한 공통적인 원조(개입; intervention)의 이론과 방법 모색 과정에서 1960년대부터 나타나기 시작한 통합적인 사회복지방법이다. 따라서 최근에는 case work, group work, community work라는 용어들은 점차 사라져 가고, 그 대신 종합적인 개념인 통합적 사회복지방법, 즉 사회복지실천(social work)이라는 용어가 등장하였는데, 여기에서는 인간을 전적으로 개체로서의 존재가 아니라 다양한 사회관계 속에서 영향을 주고받는 존재로 이해하는 일반체계이론(general system theory)과 생태학이론(ecological theory)에 기초하여, 인간과 환경(사회 조직 및 구조)의 상호작용에 초점을 두며 문제의 본질이나 성격을 파악하여 개입하고자 하는 생태체계론적 접근(eco-system approach)을 취한다.

2) 사회정책(Socal Policy; 사회복지정책) : 거시적 · 간접적 접근방법

① 소득보장정책 : 연금보험, 생활보호, 실업수당, 가족수당, 퇴직연금, 최저임금제

② 건강보장정책(의료보장정책) : 의료보험, 의료보호, 산재보험

③ 교육정책

④ 주택정책

⑤ 환경정책(환경보전정책)

⑥ 고용정책

⑦ 조세정책

⑧ 보건정책(보건의료정책)

⑨ 여성정책

⑩ 교통정책

⑪ 소비자보호정책

4. 재정(재원)

① 국가재정(정부의 사회보장비 포함)

② 기업의 복지비(기업 내 복지비 · 기업 외부의 사회복지활동 지원비)

③ 복지단체의 재원(기본자산에 의한 수입금)

④ 종교기관의 구제사업비

⑤ 개인의 복지 부담금(기부금, 헌금 포함)

chapter 02

사회복지 프로그램 개발과 평가의 이론적 모형

제1절 사회복지 프로그램의 본질

1. 사회복지 프로그램의 의미

먼저, 프로그램이라는 용어의 사전적 의미는 목록, 순서 및 사전계획이라는 뜻을 지니고 있는데, 이는 하나의 목적을 성취하기 위한 활동의 집합체로 볼 수 있으며, 또한 목적을 달성하기 위한 일련의 상호 의존적인 활동이라고도 할 수 있다. 그런데 프로그램을 사회복지와 관련시켜서 보면 특정 문제를 해결하기 위한 구체적인 목적과 목표를 가지고 일정 기간에 인력과 재원 등을 투입하여 조직적인 활동을 펼치는 사회복지조직의 단위사업이라고 정의할 수 있고, 특정의 사회복지를 실천하기 위하여 한 가지, 또는 여러 가지 서비스를 사전계획에 따라 전달하는 의도적이고 조직적인 활동이라고도 정의할 수 있다.

사회복지 프로그램은 추상적인 수준의 사회복지를 실천하는 수단이자 매개체이다. 이는 사회사업실천과 사회정책을 구체적인 서비스의 실천으로 연결하는 활동들로 이루어진다. 사회복지 프로그램은 사회사업실천의 도구이며, 또한 사회정책이 의도하는 목적을 성취하는 도구이다. 특히 사회적으로 무엇이 바람직한지 혹은 바람직하지 않은지에 대한 가치판단이나 바람직한 상태로의 변화라는 사회복지의 목적이 결정되면, 그러한 목적을 성취하는 데 필요한 실천적인 활동들을 만들어 내는 과정이 바로 사회복지 프로그램의 개발이다.

결론적으로 사회복지 프로그램이란 특정 사회복지조직에서 설정한 목적과 목표를 달성하는 데 필요한 활동내용의 선정·조직, 자원관리 및 실행, 평가 등에 관한 전체적인 계획이라 할 수 있고, 사회복지조직에서 시행되는 특정의 목적을 달성하기 위한 활동들의 집합체라 정의할 수 있으며, 개인·가족·집단·지역사회의 변화(개발)를 유도하기 위한 구체적인 활동들의 집합체라고 할 수 있다.

여러 학자들의 프로그램에 대한 정의를 살펴보면 다음과 같다.

- Martin(2001) : 한정된 생산품이나 서비스를 산출하기 위한 목적, 목표, 정책, 예산 등으로 기관의 활동이나 서비스를 진행하는 것이라고 하였다.
- NASW(1999) : 수행해야만 하는 것들에 대한 계획과 지침이며 클라이언트의 욕구에 부합하여 설계된 조직과 절차라고 정의하였다(cf. 프로젝트 : 프로그램에 비하여 더욱 동적이며 단기적인 범주).
- Smith(1989) : 프로그램이란 "특정 목적을 달성하기 위하여 만들어진 조직적인 활동(organized activities)"이라고 정의하였는데 여기서 조직적인 활동이란 임시적인 활동이 아니라 어떤 문제를 해결하기 위하여 설계된 계획적인 활동을 의미한다.
- Swiss(1991) : 프로그램을 "조직적 활동의 집합을 단일 그룹의 산출(outputs)로 나타내는 것"이라고 정의하였다. 여기서 프로그램은 조직적 활동의 결과물을 의미한다.
- Weinbach(1998) : 목표, 정책, 절차, 규칙, 예산 등을 포함하는 조직의 구성요소로 정의하였다.
- 성규탁(1966) : 특정한 사회복지 향상의 목적을 달성하기 위하여 한 가지 또는 여러 가지 서비스를 사전계획에 따라 전달하는 의도적이고 조직적인 활동이라고 정의하였다.
- 이창호(1991) : 특정 문제와 대상을 상대로 구체적 목표를 가지고 일정 기간에 인력과 예산 등을 투입하여 반복적이고 조직적인 활동을 벌이는 사회복지기관의 단위사업이라고 정의하였다.

- 정무성(2000) : 프로젝트는 하나의 목표를 달성하기 위한 활동들로 구성되는 반면 프로그램은 여러 개의 프로젝트가 모여서 하나의 프로그램을 형성한다고 하였다.

위의 내용을 종합적으로 정의해 보면 프로그램이란 특정 목적을 달성하기 위하여 설계된 일련의 계획적인 활동들의 집합체이다(김통원, 2003).

2. 사회복지 프로그램의 위치

사회복지의 목적이 구체화되면, 이를 달성하기 위한 하나의 거시적 프로그램이 개발되고, 이는 다시 세부적인 프로그램들로 나누어 개발되며, 그 세부 프로그램들은 또다시 여러 하위 프로그램들로 구분되어 개발된다. 이렇게 본다면 하나의 프로그램은 상위의 프로그램에 대해서는 수단이 되며, 하위의 프로그램에 대해서는 목적이 되는 이중적인 성격을 갖는다. 따라서 모든 사회복지 프로그램은 전체 사회 프로그램들과의 관계 속에서 존재한다고 볼 수 있다. 전체 사회적 목적을 실현하는 제반 프로그램들 간의 논리적이고 조직적인 관계를 나타내는 것을 프로그램 구조(structure) 혹은 개념도(conceptual map)라고 한다.

프로그램의 구조는 크게 네 가지의 위계로 나누어지며, 가장 상위의 위계에 속하는 것이 목적이고, 두 번째의 서비스 시스템은 위의 각각의 목적들이 갖는 하위의 서비스체계를 말하며, 그 다음 서비스는 서비스 시스템에서 구체화된 것이고, 끝으로 프로그램은 가장 하위의 위계에 속하는데, 이는 직접적으로 위의 서비스를 전달하기 위한 것이다.

프로그램의 구조의 상부에서 하부로 이동할수록 프로그램의 성격은 포괄적·추상적 개념의 거시적 프로그램에서 구체적·실천적 개념으로 변화한다. 클라이언트에 대한 직접서비스를 담당하는 대부분의 사회복지 프로그램들은 프로그램 구조의 하부에 위치한다. 따라서 사회복지 프로그램과 이를 담는

틀로서의 사회복지조직들은 그 자체로서 목적이 되기보다는 상위 프로그램의 목적을 실천하는 수단으로서의 기능이 보다 강조된다(김영종, 2001).

이처럼 조직의 위계적 관점에서 보면, 프로그램은 종합 프로그램과 개별 프로그램으로 구분될 수 있다. 거시적 수준의 프로그램은 소규모 개별 프로그램보다 훨씬 복잡하며 수많은 투입이 요구되는 반면, 미시적 수준의 개별 프로그램의 개발은 종합 프로그램을 개발하는 것보다는 쉽고 단순하다.

3. 사회복지 프로그램의 성격

사회복지 프로그램은 이론중심적인 내용보다는 실생활과 밀접한 관계를 가지고 있는 내용이고, 단순한 지식전달의 욕구, 프로그램 목적 및 목표 등에 따라 다양한 수준으로 존재한다. 그리고 사회복지 프로그램은 장기적 프로그램과 단기적 활동계획을 함께 담고 있어야 한다.

4. 사회복지 프로그램의 조건

1) 접근성

사회복지 프로그램은 이를 필요로 하는 지역주민들이 쉽게 접근할 수 있어야 한다. 예를 들면, 프로그램은 잠재적 클라이언트를 쉽게 찾아갈 수 있는 기관이나 장소에 위치하고 있어야 하며, 그 수혜비용도 무료이거나 저렴하여야 하고, 그 내용에 있어서도 실제적이고 실용적인 성격을 갖추어 잠재적 클라이언트들의 관심과 접근을 이끌어 낼 수 있어야 한다.

2) 지속성

프로그램에 의한 서비스가 분산되고 전달체계가 단편화되면 참여자들의 대인관계(특히 지도자 · 치료자와의 관계, 집단 구성원 간의 관계)의 악화는 물론 그들의 생활환경을 동요시켜 혼란스럽게 만들어 결국 서비스의 중단을 초래할 수 있다. 이러한 문제를 해결하기 위해서는 일련의 서비스가 지속적으로 전달되도록 해야 한다. 서비스의 지속성이 유지되기 위해서는 안정된 워커-클라이언트의 관계, 서비스 계획 및 진행에 관한 커뮤니케이션, 그리고 서비스 중단자에 대한 사후조사 등을 통해 각 클라이언트의 관심과 욕구의 변화에 대한 계속적인 모니터링을 통하여 일련의 서비스들을 지속적으로 연결해 주어야 한다.

3) 적합성

프로그램은 또한 개개 클라이언트의 욕구충족과 문제해결에 적합하도록 제공되어야 한다.

4) 포괄성

지역사회는 부단히 변화해 나가고 있다. 따라서 그 주민들의 욕구와 관심사 또는 문제들도 변하기 때문에 그들은 다양한 서비스 욕구들을 가지고 있으며, 이러한 다양한 욕구충족과 문제해결을 위해서는 포괄적인 프로그램의 제공이 필요하다.

5) 통합성

지역사회의 저소득층의 주민들은 일상생활에서 많은 어려움과 문제를 겪고 있기 때문에 여러 가지 연관된 프로그램을 통합하여 제공받을 필요가 있다. 서비스들을 통합적으로 제공하는 것은 결국 프로그램의 효과성과 효율성을 높이고, 그럼으로써 그 책무성을 이행할 수 있게 한다.

6) 공평성(균등성)

서비스는 지역사회 주민들의 사회경제적 지위, 교육수준, 연령, 직업 및 성별 등의 차이에 상관없이 공평하고 균등하게 전달되어야 한다.

7) 비용의 적절성

프로그램을 통하여 서비스를 전달하는 제공자는 윤리적·도덕적으로 수수료 또는 할당액에 부합되는 가치의 서비스를 클라이언트에게 제공해야 한다. 이는 곧 서비스 제공자의 윤리성과 책무성과 관련되는 사항이다.

8) 과학성

좋은 프로그램(서비스)을 개발하기 위해서는 객관적이고 과학적인 연구조사 활동이 부단히 이루어져야 한다.

이러한 기초연구의 결과를 토대로 필요한 서비스를 예측하여 새로운 프로그램을 개발하고, 이를 통하여 서비스의 효과성과 효율성을 높여야 한다.

제2절 사회복지 프로그램 개발의 이론적 모형

1. 사회복지 프로그램 개발의 개념

프로그램 개발은 과학이자, 동시에 기술이다. 프로그램은 그것을 개발하기 위해 특수한 기술이 요구된다는 점에서 기술이고, 그 내용이 이론적으로 정리되어 있다는 점에서 과학이다(기영화, 2001). 이러한 관점에서 롱(Long, 1983)은 프로그램 개발이란 프로그램의 기획(planning)과 실행(implementation) 및 평가(evaluation)

에 관한 활동들의 순서를 규정하는 일련의 과정이라고 하였다. 결국 프로그램 개발은 사회복지의 실천활동으로서 사회복지조직과 클라이언트집단의 공동의 노력을 통해 정보와 자원을 획득하고, 이를 일정한 절차에 따라 적절한 순서대로 프로그램을 구성하고, 그 프로그램을 클라이언트들에게 제공하여 최종적으로 그 효과를 평가한 후 프로그램을 개정하는 일련의 과정으로 이해될 수 있다.

2. 사회복지 프로그램 개발의 성격

프로그램 개발의 성격에 대하여 살펴보면, 첫째, 프로그램 개발이란 사회복지조직이 지역사회 욕구나 문제에 적극 대처하기 위한 대응기제이며, 변화를 창출하기 위한 전략이다. 사회복지조직은 주민들의 욕구와 필요에 대응하고, 변하는 주민들의 욕구에 맞추어 새로운 변화를 창출하는 것이다. 둘째, 사회복지분야에서의 프로그램 개발은 개인 참여자는 물론, 참여자집단의 행동변화뿐만이 아니라, 지역사회의 발전을 지향한다. 셋째, 프로그램 개발은 계속적인 집단적 의사결정 과정이다. 넷째, 프로그램 개발은 참여자들의 욕구를 확인・사정・분석하기 위해 사회복지조직과 지역사회 및 그 대표자들이 자발적으로 참여하는 협력적인 노력이다. 다섯째, 프로그램 개발은 조직 내외의 여러 사람들이 복잡한 절차에 공동으로 참여하는 집단활동으로 하나의 체제로 간주될 수 있다.

지금까지 프로그램 개발의 성격들에 대하여 살펴보았는데, 이러한 성격들은 주어진 상황이나 여건에 따라 조금씩 달라질 수 있다는 사실을 인식해야 한다. 여기서 말하는 상황이나 여건은 사회복지조직의 특성, 프로그램의 유형, 클라이언트체제의 형태, 프로그램 개발자의 특성 등을 지칭한다.

3. 사회복지 프로그램 개발의 원리

프로그램을 개발하는 데 있어서 기본적으로 지켜야 할 원리들에 대하여 논의하면, 첫째, 프로그램 개발은 참여자들의 욕구와 특성에 적합하게 이루어져야 한다. 둘째, 프로그램 개발은 그 프로그램이 원활하게 수행되는 데 관련되는 제반 여건들을 충분히 고려하여 이루어져야 한다. 셋째, 프로그램 개발은 가능한 한 그 개발의 전 과정에 클라이언트들의 폭넓은 참여가 보장되는 상태에서 이루어져야 한다. 넷째, 프로그램 개발은 참여자들의 발달단계에 적합하게 이루어져야 한다. 다섯째, 프로그램 개발은 참여자들의 전체 생활과 활동을 통합할 수 있도록 포괄적으로 이루어져야 한다. 여섯째, 프로그램 개발은 항상 변화하는 상황에 신축성 있게 대응할 수 있도록 이루어져야 한다.

4. 사회복지 프로그램 개발과 사회복지사의 자질

사회복지 프로그램 개발의 주체자로서 사회복지사의 역할을 살펴보면, 첫째는 촉진자와 조력자의 역할로 사회복지사는 프로그래머이며 변화촉진자로서 개별 클라이언트, 클라이언트집단 및 지역사회의 변화와 발전을 유도해야 한다. 둘째로, 사회복지사는 자신이 속한 사회복지조직의 구성원과 외부의 전문가들과 상호 협력해야 한다. 셋째로, 사회복지사의 개인적 특성과 사고방식은 프로그램 개발 과정에 많은 영향을 미친다는 사실을 항상 염두에 두어야 한다. 넷째로, 사회복지사는 프로그램 개발 과정에 활용할 수 있는 확고한 개념적인 토대, 즉 이론적인 지식과 기술을 습득하고 있어야 한다. 다섯째로, 사회복지사는 프로그램 개발 과정의 모든 단계마다 현명하고 객관적인 판단과 선택을 내릴 수 있는 의사결정자의 역할을 수행해야 한다. 여섯째로, 사회복지사는 기획, 실행, 평가, 그리고 프로그램 결과를 보고하는 기술이 뛰어나야 한다.

5. 사회복지 프로그램 개발의 모형

1) 선형적 모형과 비선형적 모형

(1) 선형적 모형

프로그램 개발을 단선적으로 일어나는 현상으로 전제하고 그 과정을 단계별로 세분화하여, 프로그램을 개발하는 방법을 말한다. 여기에서는 이처럼 일련의 순차적인 경로를 통하여 프로그램이 개발되기 때문에 한 단계가 마무리된 후에야 비로소 다음 단계에서 수행될 절차가 순서적으로 진행된다. 이러한 방법으로 프로그램을 개발하기 위해서는, 먼저 프로그램 개발자는 잠재적 클라이언트의 욕구들을 사정하여 우선순위에 의한 최종 욕구를 확정 지은 후, 그것을 목적 및 목표로 전환시켜 설정 · 진술하며, 이어 이러한 목적 및 목표를 달성하는 데 필요한 구체적인 내용들을 선정 · 조직하는 등의 설계를 한다. 그러고 나서 그 내용들을 전개하기 위해 필요한 인적 · 물적 자원과 시설을 확보하며, 지역사회의 프로그램에 대한 마케팅을 실시하여 클라이언트를 확보한 후 그 프로그램을 실행하게 된다.

(2) 비선형적 모형

하나의 절차를 밟아서 하는 것이 아니라, 프로그램 평가를 이 접근의 중심핵으로 선택하고 각 단계마다 적절한 평가활동이 되풀이되어 피드백이 된다. 이러한 이유 때문에 선형적 모형에 비해 훨씬 더 어렵고 더 많은 자원을 필요로 하며, 프로그램 개발에 상당한 능력과 전문성이 요구된다. 이 모형은 개발자의 재량에 의해 좀 더 창조적인 프로그램을 개발할 수 있는 장점을 가지고 있다.

2) 통합적 모형과 비통합적 모형

(1) 통합적 모형

이 모형은 모든 조직의 프로그램 개발에 적용될 수 있는데, 여기에서는 투입과 산출, 외부환경과의 상호작용 등을 주요 변인으로 설정하여 프로그램을 개발한다. 개발방법은 총체적이고 분석적이기 때문에 개발과정이 복잡하고 개발자들의 전문적인 능력을 필요로 하지만, 다른 모형에 비해 개발오류를 최소화할 수 있는 장점이 있다. 이 모형에서는 프로그램 개발에 있어 우선 클라이언트를 중심으로 그들과 관련된 다양한 요인, 즉 조직의 이념과 목표의 확인, 조직의 구성요소 규명, 조직의 외부환경적 제약요건 확인, 조직 내부의 제한점 파악, 조직 외부환경의 욕구와 관심영역 확인, 조직 내부의 욕구와 관심영역 확인, 잠재적 클라이언트의 욕구 분석, 프로그램의 목적 및 목표 설정, 기대되는 결과에 대한 분석 등을 체계적으로 수행하여 프로그램을 개발한다.

(2) 비통합적 모형

비통합적 모형은 가장 손쉽게 사용되는 방법이다. 이 모형에서는 프로그램이 새로 개발된다기보다는 다른 사회복지조직의 프로그램을 거의 그대로 모방하는 방법을 취한다. 프로그램 개발을 위한 비통합적 모형은 몇 가지 장점을 가지고 있다(기영화, 2001). 첫째, 프로그램 개발에 대한 깊은 지식이 없는 문외한도 쉽게 프로그램을 개발할 수 있고, 둘째, 시간과 비용 및 노력을 절약할 수 있으며, 셋째, 지역사회와 주민들의 특성 및 제반 조건이 유사한 경우에는 프로그램 결과를 예측할 수 있다. 반면 비통합적 모형은 참여자를 배제한 프로그램 개발이기 때문에 클라이언트들의 욕구가 무시되며, 이로 인해 그 현실성이 부족하고 장기적으로 지속되기 어렵다는 단점을 가진다.

제3절 사회복지 프로그램 개발의 절차

사회복지 프로그램의 개발이란 참여자들의 변화와 발전을 촉진하기 위한 프로그램을 기획하고 설계하여 실행하고 그 결과(성과)를 확인하여 적절한 후속조치를 취하는 일련의 과정을 말한다. 그런데 이러한 프로그램을 개발하는 절차는 어떤 공통적인 고정불변의 형태가 있는 것이 아니다. 사회복지 프로그램은 그 형태가 다양하고 범위가 넓을 뿐만 아니라, 프로그램의 성격과 목적 및 유형 등 여러 가지 조건에 따라 다르게 개발될 수 있다. 그러므로 프로그램 개발의 획일적인 절차나 단계를 제시하기가 힘들다.

프로그램 개발의 절차는 학자마다 다양하게 구분되고 있다. 즉, 프로그램의 개발절차는 앞서 제시한 바와 같이 기획·설계·실행·평가 등의 4단계로 설정할 수 있으며, 이를 통합하여 기획·실행·평가의 3단계로 개념화할 수도 있다. 물론 각 단계에는 개발상의 목표와 일련의 구조적 특징이 있으며, 이는 다시 몇 가지 하위단계로 세분될 수 있다.

본 서에서는 프로그램의 개발절차를 ① 프로그램의 기획, ② 프로그램의 실행, ③ 프로그램의 평가 등의 3단계로 설정하고자 한다.

먼저, 첫 번째 단계인 프로그램의 기획 단계는 다시 그 하위단계로서, 프로그램 개발의 필요성 확인 및 기본 방향 설정·욕구사정·프로그램의 적용대상 결정·프로그램의 목적과 목표 설정·프로그램의 내용 선정 및 조직·프로그램의 실행방법 선정 및 활용자원의 결정·프로그램의 평가계획 수립·프로그램의 진행인력 편성·프로그램의 예산 편성 등의 9단계로 세분하고자 한다.

이어, 두 번째 단계인 프로그램의 실행 단계는 다시 그 하위단계로서, 프로그램의 실행계획 수립·프로그램에 대한 마케팅 실시·활용자원의 확보 및 관리·프로그램의 실행 및 점검 등의 4단계로 세분하고자 한다.

끝으로, 세 번째 단계인 프로그램의 평가 단계는 다시 그 하위단계로서, 프로그램의 목적과 목표 확인 및 평가도구의 제작 또는 선정·프로그램 평가의 실시·프로그램의 평가결과 확인 및 보고 등의 3단계로 세분하고자 한다.

1. 사회복지 프로그램의 기획

프로그램의 기획은 참여자들의 건전한 성장·발달과 적절한 사회적 적응을 돕기 위한 프로그램의 개발 여부는 물론, 구체적인 프로그램 활동에 대한 의사결정의 과정이라고 할 수 있다.

1) 프로그램 개발의 필요성 확인 및 기본 방향 설정

프로그램을 개발하는 과정에서 가장 먼저 수행되어야 할 것은 프로그램 개발의 필요성을 확인하고 분석하는 것이다. 이는 지역사회 내에서 겪고 있는 문제(사회문제)를 탐색하여 분석함으로써 도출될 수 있다. 프로그램 개발의 필요성이 확인된 다음에는, 이를 토대로 프로그램 개발의 기본 방향을 설정해야 한다. 여기에서는 프로그램 개발의 범위를 결정하고, 프로그램 개발에 참여할 사람들을 결정해야만 프로그램 개발의 과정이 효율적으로 진행될 수 있다.

2) 욕구사정

지역주민들이 안고 있는 사회문제에 대한 분석이 이루어진 다음에는, 그 문제와 관련된 잠재적 클라이언트들의 복지적 욕구를 체계적으로 조사·분석하는 활동이 뒤따라야 한다. 여기에서 확인된 욕구들은 사회복지조직 및 지역사회의 상황을 고려하면서, 그 중요성, 심각성, 파급성의 정도에 따라 우선순위를 결정하여야 한다.

3) 프로그램의 적용대상 결정

개발된 프로그램을 적용할 구체적인 대상을 결정해야 한다.

4) 프로그램의 목적과 목표 설정

클라이언트를 대상으로 한 욕구사정을 통하여 확인된 욕구들에 대한 우선순위에 따라 최종적인 욕구들이 확인되고 프로그램의 적용대상이 결정되면, 그 욕구들을 구체적이고 명확한 목적과 목표로 전환하여야 한다. 이는 곧 프로그램을 통하여 성취해야 할 목적과 목표를 설정하는 것을 말한다.

5) 프로그램의 내용 선정 및 조직

프로그램의 내용 선정 및 조직은 설정된 목적과 목표를 달성하는 데 필요한 활동들을 결정하는 것을 말한다. 여기에서는 합목적성, 클라이언트의 능력수준과 흥미에의 적합성, 성취 가능성, 실용성, 지역성 등의 조건에 부합되는 내용을 선정하고 그 내용의 성격과 클라이언트들의 능력을 고려하여 타당한 순서로 조직되어야 하고, 선정 · 조직된 내용을 토대로 프로그램의 활동계획표와 프로그램의 일정표 및 프로그램의 코스 설계안을 작성하는 등 문서화를 해야 한다.

6) 프로그램의 실행방법 선정 및 활용자원의 결정

프로그램의 목적 · 목표와 실행방법 간의 관계는 '왜' 어떤 특정한 개입방법이 필요하고, 그것이 과연 의도된 변화를 가져올 수 있는가에 대한 논리적이고도 경험적으로 타당한 설명이 가능한 실행방법이 선정되어야 하고, 선택된 실행방법(개입전략)을 지원하고 실행하는 데 뒷받침되는 자원들을 결정해야 한다.

7) 프로그램의 평가계획 수립

평가활동에서는 성과에 대한 평가만 중요한 것이 아니고, 실행과정에서의 계속적인 점검활동도 중요하기 때문에 과정평가에 대한 구체적인 계획도 수립해야 한다. 먼저, 과정평가에 대한 계획은 작성된 프로그램의 활동계획표와 일정표 및 코스 설계안을 참조하여 그 진행상황을 점검하는 활동과 관련하여 이루어져야 하고, 그리고 성과평가에 대한 계획은 프로그램의 효과성과 효율성을 확인하는 데 필요한 평가지표(평가준거), 측정도구, 평가방법 등과 관련지어 구체적으로 이루어져야 한다.

8) 프로그램의 진행인력 편성

전문인력 · 준전문가 · 보조요원 및 자원봉사자 등 각자의 위치에 따라 업무를 적절하게 분담받아야 하고, 자신의 업무에 대한 이해를 바탕으로, 이를 효율적으로 추진함으로써 협조체제가 잘 이루어져야 한다.

9) 프로그램의 예산 편성

계획된 프로그램이 실질적으로 운영되기 위해서는 그에 필요한 재정(재원)이 충분히 확보되어야 한다. 프로그램 운영에 필요한 소요예산을 크게 직접비와 간접비로 구분하여 편성해야 하고, 이에 그 예산을 확보하는 조달계획을 수립해야 한다.

2. 사회복지 프로그램의 실행

프로그램 실행은 사전에 기획되고 설계된 프로그램을 실제로 실현시켜, 설정된 목적과 목표를 달성하기 위해 구체적인 활동들을 전개해 나가는 과정을 말한다.

1) 프로그램의 실행계획 수립

프로그램 실행계획이란 주로 프로그램의 실행에 관련되는 제반 요소들을 점검하여 구체적인 프로그램의 실행안을 작성하고, 그 원활한 실행에 필요한 상황을 확인하는 항목점검표(checklist)를 활용하여 준비활동을 철저히 확인하는 것을 말한다.

2) 프로그램에 대한 마케팅 실시

프로그램 실행에 대한 계획이 완료되면, 사회복지조직은 잠재적 클라이언트(주민)들의 참여를 유도하는데, 이를 위해 여러 가지 조치를 취한다. 이를 포괄적으로 지칭하는 용어가 프로그램 마케팅이며, 이는 마련된 프로그램을 지역사회 주민에게 알려, 그 서비스를 이용할 실질적인 클라이언트집단을 확보하는 것을 말한다.

3) 활용자원의 확보 및 관리

프로그램이 효율적으로 실행되기 위해서는 그에 필요한 인적 자원과 물적 자원에 대한 확보·관리가 필수적이고, 활용자원의 확보·관리는 프로그램의 성패를 좌우하는 중요한 요소로 작용한다.

4) 프로그램의 실행 및 점검

프로그램이 보다 원활하게 실행되기 위해서는 운영자들 간에 분담된 역할을 확인하고, 작성된 프로그램 실행안을 치밀하게 진행시켜 나가면서, 상황변화에 적절하게 대응해 나가야 하고 프로그램이 진행되는 과정에서는 계속적인 점검활동을 실시하여 그 결과에 따라 필요한 후속조치들을 즉각적으로 취해야 한다.

3. 사회복지 프로그램의 평가

프로그램의 평가는 프로그램 개발의 마지막 단계로서, 계획된 프로그램을 실행한 후 설정된 목적·목표와 실제 실행된 성과를 비교하여, 프로그램의 결과를 확인하고, 그 가치를 부여하는 과정을 말한다. 평가단계에서는 기획이 제대로 실현되었는지를 검증하는 과정이기도 하지만, 다음 프로그램 개발에 대한 개선책을 제공하는 중요한 자료원의 구실을 하기도 한다.

1) 프로그램의 목적과 목표 확인 및 평가도구의 제작 또는 선정

평가활동을 착수하기 전에 전반적인 평가계획을 수립해야 하고, 평가계획에서는 평가 분야, 기준, 방법과 도구, 절차, 일정 등을 상세하게 명시하여야 한다. 프로그램에 대한 평가에서는 프로그램의 목적과 목표에 대한 달성 정도를 측정하는 것이 중점이기 때문에 프로그램의 목적과 목표를 명확히 확인한 후 평가방법이 선정되면 구체적인 증거를 측정하기 위한 평가도구를 제작 혹은 선정하는 단계가 뒤따라야 한다.

2) 프로그램 평가의 실시

클라이언트의 행동변화의 증거를 실질적으로 확인하는 구체적인 평가활동이 실시되어야 한다.

(1) 프로그램 평가의 대상

클라이언트, 시설, 프로그램 등을 들 수 있다. 복지실천의 효과를 올바르게 평가하기 위해서는 다양한 체계수준을 모니터하고 변화를 측정할 수 있어야 한다.

(2) 평가의 방법

평가의 유형은 가장 일반적으로 형성평가, 총괄평가로 구분되며 그 내용을 구체적으로 살펴보면 다음과 같다.

① 형성평가(과정평가)

형성평가는 프로그램이 계획되었을 때 가정했던 점들이 제대로 실행되었는지 또는 실행되고 있는지를 조사하는 것이다. 형성평가의 목적은 서비스의 질이나 전달방법 등의 개선, 프로그램 결과의 향상, 서비스의 효율성을 증진시킬 목적으로 실시하는 평가이며, 프로그램을 형성하는 자체에 초점을 두기 때문에 형성평가라고 부른다. 평가기준(평가의 척도)은 프로그램이 실행되는 방식, 제공되는 서비스의 질을 측정하는 것이다. 기관의 정책과 절차, 과정목적, 최상의 실천기준, 클라이언트 만족과 같은 기준을 사용해서 평가한다.

② 총괄평가(목표 지향적 평가)

총괄평가는 연역적·객관적 방법으로 한 기관의 정책 또는 프로그램이 달성하고자 했던 목표를 얼마나 잘 성취했는가의 여부를 평가하는 것이다. 총괄평가는 프로그램의 효과성과 효율성을 평가하고자 하며, 프로그램 시행이 종결된 후에 실시한다.

③ 내부평가

프로그램의 결정, 집행을 담당하고 있는 사람들이 자신들이 소속한 조직체의 다른 구성원이 행하는 평가로서 프로그램 운영 상태를 점검하여 발전시키기 위한 형성평가의 성격을 갖는다.

④ 외부평가

외부전문가를 불러 실시하는 평가로 프로그램의 목표달성 여부, 효율성, 프로그램의 지속 여부를 결정하는 총괄평가의 성격을 갖는다.

⑤ 양적 평가

클라이언트의 행동이나 태도를 조작적으로 정의하여 프로그램의 효과를 평가하는 것으로서 다양한 측정방법에 의해 이루어진다.

⑥ 질적 평가

문제의 역동적이고 상호작용적인 면을 고려할 수 있는 평가방법으로서 주로 보고, 듣고, 말하고, 읽는 것에 의존한다. 이와 같은 질적 평가에는 면접, 관찰, 기록, 비언어적 의사소통, 내용분석, 문서분석 등이 포함된다.

3) 프로그램의 평가결과 확인 및 보고

끝으로 실제로 얻어진 평가자료들을 종합하여 이미 설정된 평가준거에 비추어 각 평가준거의 달성 정도와 성패 여부 및 만족 여부 등을 종합적으로 확인하고, 확인된 프로그램의 평가결과를 보고해야 하는데, 이는 관련자들에게 프로그램의 가치를 전달하는 기능을 한다.

제4절 사회복지 프로그램의 구성요소 및 유형

1. 사회복지 프로그램의 구성요소

① **주체** : 서비스의 생산자 및 전달자, 관리자, 운영진 및 자원봉사자

② **대상** : 수혜자 · 참여자(참여대상에 대한 명확한 규정과 그 규모, 참여집단의 특성에 대한 파악 등이 포함)

③ **목적 및 목표** : 프로그램이 지향하는 의도성

④ **활동내용** : 프로그램의 목적 및 목표를 성취하기 위해서 참여자들이 경험하게 될 구체적인 내용

⑤ **실행방법 및 공학매체** : 프로그램의 목적 및 목표를 성취하기 위해 선정 · 조직된 활동내용을 실행(전개)하는 방법

⑥ **평가활동** : 프로그램의 효과성 및 효율성을 확인하는 활동

⑦ 실행장소 및 시설 · 설비

⑧ 실행 시기와 기간 : 프로그램의 운영과 관련된 시간적 요소(클라이언트들의 생활주기에 대한 분석과 실질적인 이용 가능한 시간대에 대한 사전조사 필요)

⑨ 예산 : 프로그램의 운영에 소요되는 재정

2. 사회복지 프로그램의 유형

1) 개발주체에 따른 유형

(1) 국가수준 프로그램

국가수준에서의 사회복지실천의 활성화를 위해 다양한 프로그램을 보급하는 것을 주요 목표로 개발하는 정책적인 성격의 프로그램(역사연구활동 프로그램, 도시 · 농촌교환봉사활동 프로그램, 호연훈련활동 프로그램, 국토탐사활동 프로그램)

(2) 기관수준 프로그램

독자적으로 단위 사회복지기관들이 그 기관의 사회복지활동을 구체적으로 실현하기 위한 수단으로 개발하는 사업적인 성격을 가진 프로그램(해양청소년단의 해양스포츠활동 프로그램, 걸스카우트의 가정생활교육활동 프로그램)

2) 구성범위에 따른 유형

(1) 단일 프로그램

특정의 목적과 목표를 성취하기 위한 활동내용을 가진 독자적인 프로그램(지역사회 청소활동이나 위문활동)

(2) 연속 프로그램

동일한 계열에 속하는 여러 개의 활동 프로그램들이 단일 목적과 목표를 달성하기 위해 연속적으로 실시되는 프로그램(컴퓨터, 수영, 태권도, 바둑, 도예 프로그램)

(3) 통합 프로그램

한 주제에서 세분화된 여러 활동이나 비슷한 성격을 가진 여러 활동들을 모아 한 체계 속에 적절하게 연결시켜, 하나의 활동으로 묶어서 구성한 프로그램(예 환경문제를 인식하여 환경을 보호하는 태도를 향상시키기 위한 환경보호 프로그램- ① 대기오염, 수질오염, 쓰레기난 등 심각한 환경오염 실태를 알려 환경오염 문제의 심각성을 깨닫게 하는 인식 프로그램, ② 환경오염을 스스로 파악하게 하는 환경탐사 또는 조사활동 프로그램, ③ 자연환경과 인간생활 관계를 연구하여 자연보호의 중요성을 인식시키는 자연탐구 활동, ④ 환경을 보호하는 방법을 연구하는 환경보호 사례 프로그램, ⑤ 환경보호를 실천하고 생활화하기 위한 환경보호 실천 프로그램)

(4) 종합 프로그램

여러 영역의 활동 프로그램을 한데 모아서 활동의 체계에 따라 분류하지 않고 같은 구조 속에서 모든 활동을 종합적으로 전개하는 프로그램이며, 각각 고유한 목표와 성격을 그대로 유지하면서 어떤 연결원칙이나 공통적인 문제, 상호 관심적인 영역하에서 그 연계성을 합리적으로 조합한 총괄성을 가진 프로그램(일정한 주제 중심의 행사형 프로그램, 세계 잼버리대회)

3) 활동내용에 따른 유형

① 자연체험활동 프로그램
② 체육활동 프로그램
③ 예능활동 프로그램
④ 과학활동 프로그램
⑤ 봉사활동 프로그램
⑥ 예절수양활동 프로그램
⑦ 전통문화활동 프로그램
⑧ 자아계발활동 프로그램

3. 프로그램 기술(記述)의 요소

1) 프로그램 개요

프로그램에 대한 개괄적인 진술은 새로운 프로그램뿐만 아니라 기존 프로그램에 있어서도 중요한데, 프로그램의 목적과 목표를 개발함에 있어서 중요하며, 환경, 후원, 클라이언트 수 등 프로그램에 대한 일반적 기술이 이후의 프로그램 기술에 전제가 되기 때문에 중요하다.

- 목적은 무엇인가? 다루고 있는 사회문제는 무엇인가? 한계는?
- 환경을 어떻게 변화시킬 것인가? 혹은 어떠한 영향을 줄 것인가?
- 후원하는 기관이나 개인은 누구인가? 대상은 누구인가?
- 얼마나 많은 사람이 프로그램을 제공받는가? 클라이언트 모집은 어떻게 할 것인가?
- 기반이 되는 실천이론, 원리, 가정은 무엇인가?
- 프로그램의 원리는 논리적인가? 프로그램의 개입방법은 무엇인가?

2) 개입방법

프로그램 결과를 이끄는 방법이 무엇인지, 즉 상담, 개별지도, 집단지도, 교육, 지역사회조직 등 구체적인 방법을 제시해야 한다. 방법, 실천원리, 기존 연구, 사용된 클라이언트, 변화유발 방식, 소요 시간 및 기간 등을 기술한다.

3) 프로그램 수행환경

프로그램은 그것이 수행되는 환경에 따라 다양한 결과로 나타날 수 있다. 따라서 물리적 환경, 프로그램을 수행하는 조직(조직의 구조), 관리상의 문제 등의 수행환경에 대한 기술을 요한다.

4) 프로그램 지원금

프로그램을 실행하는 데 사용되는 비용, 즉 프로그램 비용의 지원방식, 지원주체, 지원내용 등에 대해 기술한다.

5) 클라이언트의 특징

클라이언트의 특징을 다각적으로 검토할 필요가 있는데, 클라이언트에 대한 기본 정보, 클라이언트가 가진 어려움, 어려움의 심각성, 비용수납(실비) 여부 등을 기술한다.

6) 제공자의 특징

프로그램 제공자의 학문적·실무적 성향을 파악하는 것이 중요한데, 사회복지사의 특성, 전문적 배경, 전공분야와 프로그램 개입과의 연관성을 기술한다.

7) 수행상의 문제점

프로그램 목표, 한계, 클라이언트의 욕구 등을 파악할 필요가 있다. 달성 가능한 목표는 무엇이며, 달성의 장애요인, 기존의 수행방식과 이론의 적절성, 참여자의 기대 등을 기술한다.

4. 우수 사회복지 프로그램의 조건

프로그램으로서의 정체성을 확립하기 위해서는 몇 가지 조건들을 갖추어야 한다(Royse, 2001; 김통원, 2003).

① 다양한 수준의 인력

② 재정적 지원이나 프로그램 시간

③ 안정적 기금조성(직원의 사기 유지를 위해서는 자금이 안정적이어야 함)

④ 고유의 정체성(각 프로그램의 차별성은 사명, 절차, 정책, 철학적 기반)
⑤ 클라이언트를 어떻게 다룰 것인가에 대한 명확한 서비스 철학
⑥ 개념적 · 이론적 기반 확립
⑦ 다양한 개입방법에 대한 유용성 제고(검증된 서비스)
⑧ 실증적 평가를 위한 체계적 노력(개입 매뉴얼, 클라이언트의 특성, 최소 2명 이상의 평가 등)

5. 프로그램 표준화

프로그램의 질과 내용을 최소한 보장하고 바람직한 평가를 위한 과제로서 프로그램 표준화를 고려할 수 있는데 여기에서는 평가와 관련한 프로그램 표준화에 초점을 두고자 한다. 프로그램 평가를 위해서는 프로그램 내용의 표준화(what to do)와 프로그램 평가방법의 표준화(how to do)를 고려해야 한다.

프로그램 평가모형 개발을 위해서는 프로그램 내용 표준화(동명의 프로그램 내용, 구조, 목표를 일정 수준까지 작성), 구체적 목표 표준화, 대표성과 표준성을 고려한 평가 표준화를 고려할 필요가 있다.

표준화의 종류로는 목표를 나타내는 내용표준(content standards : 평가항목)과 그 목표들이 어느 정도로 달성되었는지를 나타내는 수행표준(performance standards : 척도)이 있다.

프로그램 평가모형 개발의 전체 과정은 크게 프로그램 내용 표준화 작업, 프로그램 목표 표준화 작업, 평가 표준화 작업으로 전개된다. 먼저, 프로그램 내용 표준화 작업에서는 동일한 이름의 프로그램에서의 내용, 구조, 목표 등을 고려한다. 목표 표준화 작업은 모든 기관에서 일정 수준까지 작성해야 할 구체적인 목표들에 대한 표준화 작업을 실시한다. 마지막으로 대표성과 표준성을 고려한 평가 표준화 작업을 함으로써 평가모형이 완성되는 것이다.

1) 프로그램 표준화의 예시

현재 우리나라는 표준화 작업이 이루어지지 않았기 때문에, 그 준거의 틀로서 미국 재활시설심의위원회(CARF : The Commission on Accreditation of Rehabilitation Facilities, 1994)에서 제시한 표준들을 소개한다. CARF에서는 사회적응훈련을 예로 들어놓았다. 사회적응훈련 프로그램은 여러 개의 서비스들로 구성되는데, 일상생활 기술부터 시작하여 21개 서비스로 구성된다.

- 일상생활 기술
- 의사소통 기술
- 이용자 의문 및 권리 : 지역사회서비스기관 이용 절차에 대한 익숙함
- 우발적인 사건에 대한 계획, 문제해결, 의사결정
- 사회적으로 적합하고, 나이에 적절한 행동 개발
- 재무관리(구매, 은행거래, 세금조정, 예산수립, 채무이행 기술 등) 기술
- 기능적인 학문 기술
- 건강유지(개인위생, 운동과 건강, 영양섭취, 음식조절, 감염통제, 의료서비스, 약물사용) 등
- 가사활동 및 가정관리 기술
- 인간의 성(sexuality)
- 대인관계(배우자, 가족 구성원, 친구 등) 기술
- 삶의 문제 및 전환점(출가, 물질남용, 자녀양육, 이혼, 퇴직, 사망 등)에 대한 대처 기술
- 개인 업무 및 법적인 업무의 관리
- 식단계획과 식사준비
- 이동성과 지역사회의 교통수단 이용 기술
- 레크리에이션 활동
- 상해 및 삶을 위협하는 상황을 다루는 안전훈련
- 자기옹호 및 자기주장 훈련
- 전화사용 기술

- 지역사회의 서비스 및 자원(세탁소, 도서관, 우체국, 소비자 상담실 등) 활용 기술
- 작업태도 및 작업기술 탐구

2) 표준화의 종류

평가의 표준화는 크게 두 종류로 나눌 수 있다. 즉, 목표를 나타내는 내용표준(content standards)과 그 목표들이 어느 정도로 달성되었는지를 나타내는 수행표준(performance standards)이다. 내용표준은 쉽게 말해서 평가항목을 의미하며, 수행표준은 흔히 이야기하는 척도를 의미하는 것이다.

(1) 내용표준 체계 마련을 위한 점검 표

- 내용표준은 '큰 그림'을 놓고 생각한 것이어야 한다
  내용표준은 내용파악을 위하여 달성해야 하는 주요 개념과 본질적인 내용을 반드시 포함하고 있어야 한다. 클라이언트 중심의 목적을 달성하기 위해서 구체적인 목표들을 제시할 수 있어야 한다.
- 내용표준은 정확하고, 견고한 짜임새를 갖추어야 한다
  내용표준은 최근 폭넓게 수용되고 있는 내용들을 반영하고 있어야 한다. 오늘날 사실과 개념들은 급변하고 있으며, 새로운 내용들이 속출하고 있기 때문에 정확성과 균형감을 유지하기 위해서는 지속적인 수정이 불가피하다. 내용학습과 관련한 자료들은 반드시 정규적인 갱신이 필요하다.
- 내용표준은 명확성과 유용성을 갖추어야 한다
  내용표준은 명확하고 정교해야 한다. 내용표준은 서비스 제공자나 클라이언트가 이해하기 어려운 추상적이고 전문적인 용어로 쓰여서는 안 된다.
- 내용표준은 간결해야 한다
  내용표준은 강하고, 명확한 진술이어야 한다. 따라서 내용표준은 단순하고, 간략해야 한다.
- 내용표준은 당사자의 동의에 의한 것이어야 한다
  내용표준은 측정 가능한 조치들을 암시하는 서술어를 사용해야 한다. '이

해한다', '인식한다' 등과 같은 단어들보다는 '비교한다', '설명한다', '분석한다'와 같은 단어들이 유용하다.

- 내용표준은 평가대상자를 위한 것이다

내용표준은 평가대상자들이 무엇이 필요한가를 평가대상자들에게 알려주기 위한 것이다. 따라서 내용표준은 대상자들이 분명하게 이해할 수 있는 것이어야 한다.

- 내용표준은 발전적인 것이어야 한다

내용표준은 급속도로 증가하고 있는 지식과 정교화된 기술을 염두에 두고 마련해야 한다. 단순히 내용을 반복하는 것이나 등급에 따라 추가되는 내용만을 기술하는 것은 아무런 쓸모가 없다. 측정을 위한 표준점과 목표점을 설정하여 충분한 내용의 지식과 기술을 발전적으로 제시하는 것이 필요하다.

- 내용표준은 이상적인 것이어야 한다

내용표준은 목적을 제시해 주는 것이어야 한다. 즉, "이것이 무엇이다" 혹은 "우리의 수준은 이렇다" 등의 기술보다는 "사회복지서비스가 도달하고자 하는 것이 이것이다"라는 식으로 기술해야 한다.

(2) 수행표준 체계 마련을 위한 점검 표

- 수행표준은 모든 이해당사자들이 이해하고 쉽고, 유용한 것이어야 한다

해당 수준의 수행능력을 보여야 하는 평가대상자들에게 수행표준을 정확히 설명해 주어야 한다. 당사자가 표준의 의미를 자세히 알고자 할 경우, 그 수준에 맞는 수행능력 분류지침서를 알려주어야 하며, 그에 대한 예시를 보여줄 수 있어야 한다.

- 수준에 따라 수행표준은 분명하게 구분되어야 한다

수행능력 분류지침서는 평가현장에 쉽게 적용할 수 있는 것이어야 한다. 수행능력 분류지침서의 적용 시, 이해당사자들은 수행수준에 따라 채택된 분류지침의 예를 분명히 이해할 수 있어야 한다.

- 수행표준은 사회복지기관의 업무수행에 근거를 두고 마련되어야 하지만 현 상태에 묶어두어서는 안 된다

수행표준은 각각의 수행능력 분류지침에 필수적으로 포함되어야 하며, 기본 개념과 성취목표를 반영하고 있어야 한다. 사회복지기관들이 자신들의 성취결과를 나타내 보이는 방법은 다양하므로 그 다양한 표출방법을 반영할 수 있도록 하며, 기관이 현재 어느 수준에 머물러 있는가보다는 기관 운영 시 이들이 어느 정도의 수준에 있어야 하는가를 보여줄 수 있어야 한다.

- 수행표준은 당사자들의 동의에 의한 것이어야 한다

수행표준은 이를 사용할 당사자의 주체적인 참여로 마련되어야 한다. 이는 당사자의 수행능력을 고려하여 당사자의 동의를 얻은 후, 성취목표를 기술해야 한다는 것을 의미한다. 평가대상자들이 수행표준을 이해해야 하는 것은 물론이거니와 다른 '간접 활용자들'도 수행표준이 자신들에게 어떤 의미가 있는지를 이해하고 있어야 한다.

- 수행표준은 업무활동에 주안점을 두는 것이어야 한다

수행능력 분류지침서는 나날이 증가하는 지식과 정교화된 기술을 감안한 것이어야 한다. 수준이 올라갈수록 진전되었다는 식의 설명은 별반 유용하지 못하다. 업무과정상의 활동을 통한 발전을 증명해 보일 수 있을 만큼 진전의 정도가 명확히 기술, 규명되어야 한다.

chapter

03 사회복지 프로그램의 기획

제1절 사회복지 프로그램의 기획에 대한 이해

1. 프로그램 기획의 개념과 의의

프로그램의 기획은 프로그램 개발의 첫 단계인데, 이 용어는 '프로그램'과 '기획'의 합성어이다. 먼저, 프로그램이란 특정의 사회문제 해결과 욕구충족을 돕기 위한 활동들이 상호 유기적으로 묶여 있는 하나의 실체를 지칭한다. 그리고 기획이란 어떤 목적(목표)을 달성하기 위한 내용, 방법 및 평가 등을 미리 상정하여 수립하는 일련의 활동을 말한다. 즉, 계획(plan)이란 어떤 일을 하기에 앞서서 방법, 순서, 규모 등을 미리 생각하여 세운 내용을 의미하며 계획을 수립하는 과정을 기획(planning)이라고 하고 이 과정을 통해 얻어진 결과 산출을 계획이라고 한다. 우리나라에서는 사업계획이라는 말을 흔히 사용하나 사업기획의 결과라는 의미가 강하고 사업기획의 의미는 약하다. 사업기획의 의미로는 사업계획 수립으로 사용되는 것이 보다 일반적(최성재 · 남기민, 2000)이나 혼용해서 사용하고 있다.

길버트와 스펙트(Gilbert & Specht, 1977)는 통찰력, 체계적인 사고, 조사를 통해서 문제를 해결하고 앞으로 발생할 사건의 방향을 통제하기 위한 의식적인 시도이며, 다양한 행동노선 중에서 어떤 노선을 취할 것인가에 대한 가치선호를 행사하는 것으로 정의하였다.

드로어(Dror)는 계획이란 적절한 수단을 통해 목표를 달성하기 위한 미래의 조치에 대한 일단의 결정을 준비하는 과정이라고 정의하였고(최일섭 · 이창호, 1993), 웨버(Webber)는 계획이란 미래의 목표와 미래의 행동노선에 관한 합리적인 과정으로, 이 과정은 여러 행동대안과 관련이 있는 반응과 가치에 대한 분명한 추적에 근거해서 이룩되며 또한 여러 가지 목표와 행동대안들에 대한 분명한 평가와 선택을 요구한다고 설명하고 있다.

기획의 속성은 미래 지향성, 지속성, 의사결정, 목적 지향성, 목적과 수단의 연계성 등의 요소들이 포함된다. 프로그램 기획은 세 가지 기본 원리에 충실할 때 보다 좋은 프로그램을 기대할 수 있다. 기본 원리를 살펴보면, 첫째, 창조성의 원리를 들 수 있다. 이는 프로그램의 내용과 방법이 기존의 것과 비교해 볼 때 보다 새롭고 참신해야 함을 의미한다. 둘째, 현실성의 원리를 들 수 있다. 이는 무슨 계획이든지 그 결과가 주어진 자원과 여건을 고려할 때 실현가능해야 한다는 것이다. 셋째, 논리성의 원리를 들 수 있다. 실제로 프로그램 기획은 다양한 절차와 단계를 체계적이고 합리적으로 진행시켜야 전문성을 인정받을 수 있고 프로그램의 구조가 짜임새를 갖출 수 있다.

프로그램의 기획은 프로그램 개발과 혼용되기도 한다. 그러나 두 용어는 엄격히 구분된다. 프로그램의 기획은 프로그램 개발의 시작단계이고, 프로그램 개발은 프로그램에 대한 기획과 실행 및 평가 등을 포괄하는 개념으로 이해된다.

결론적으로 볼 때 프로그램의 기획이란 현재와 미래의 환경변화에 대응하기 위한 것으로, 프로그램의 목적과 목표의 설정, 내용의 선정 · 조직, 실행 및 평가에 이르는 전반적인 과정에서의 합리적인 의사결정과 활동들을 포괄하는 개념으로 규정할 수 있다.

한편 프로그램 기획의 필요성을 살펴보면, 사회복지조직은 기본적으로 이용자의 복지를 향상시키기 위하여 양질의 서비스를 제공하도록 하는 사회적 위임을 받고 있다. 사회복지 프로그램은 일반적으로 사회복지기관이나 시설의 조직적 과정을 거쳐 전문가들의 개입을 통해 실시되는 문제해결 노력이라고 할 수 있는데 이러한 맥락에서 볼 때 사회복지조직은 두 가지 목적을 지향한다. 하나는 사회로부터 자원을 제공받아 이용자의 욕구를 충족하고 궁극적으로 이들의 복지수준을 향상시켜야 할 사명을 완수하는 것이다. 다른 하나는 전문적인 관리를 통해 조직 자체를 유지시키는 것이다. 따라서 사회복지조직과 전문가에게는 외부로부터 끌어들인 귀중한 자원을 효과적이고 효율적인 프로그램으로 전환해야 할 책임성이 부과되며 이러한 책임은 사회복지 프로그램에 대한 과학적이고 전문적인 기획과 평가 과정을 통해 이행되어야 한다(한동우, 2000).

일반적으로 프로그램 계획의 필요성과 공헌을 알아보기 위해서는 계획이 갖는 장점을 살펴볼 필요가 있다.

첫째, 계획은 미래에 대한 불확실성을 감소시켜 준다. 계획이 결여된 상태에서 사회복지 업무에 종사하는 사람들은 그들이 취해야 할 과업이 무엇인지 확신을 가질 수 없으며 이럴 경우 그들은 그들이 속해 있는 기관이나 사회가 추구하는 목표보다는 자신이 추구하는 목표를 추구하게 되어 목표전치의 상황에 이를 수 있다. 또 사회복지서비스를 제공하는 직원과 클라이언트는 자기 자신의 이익을 도모하는 권력 지향적인 기관장의 희생자가 될 수도 있다.

둘째, 문제해결과 정책결정을 위한 제반 활동에 합리적인 기술을 제공해 준다. 계획을 통해 목적달성을 위한 최적의 수단을 경험적으로 증명할 수 있게 되어 그만큼 합리적인 결정을 내릴 수 있다. 계획은 선택의 범위를 넓혀주고 여러 대안들이 갖는 잠재적인 결과에 대한 이해의 폭을 넓혀줄 수 있다.

셋째, 사회복지기관이 실시하는 사업에 대한 책임성을 높여준다. 계획을 통해 사업에 대한 공개가 이루어지며 이를 통해 재정지원을 하게 되는 정부나 지역주민에게 주지시킬 수 있다. 특히 외부의 지원이 없어서는 안 되는 중요한 프로그램의 경우, 정당화하기 위한 수단으로 계획은 중요한 것이다.

넷째, 계획은 정책결정에서의 참여를 증진시키며, 최소한 광범위한 참여의 가능성을 증가시킨다. 계획을 수립하는 과정과 수립된 계획을 실천에 옮기는 데는 많은 직원과 전문가의 참여가 불가피한데, 모든 사업을 책임자의 독단적인 판단과 결정에 의해서 계획하는 것보다는 그 사업에 관련된 많은 사람들의 참여에 의해서 계획하는 것이 실천에 옮길 때 더 많은 호응을 얻어낼 수 있다.

2. 프로그램 기획의 특징

프로그램의 기획은 기본 특성을 가지고 있는데, 첫째, 미래 지향적인 활동이다. 이는 사회복지조직이 현재 상황을 기초로 그 조직의 목적과 이념을 실천해 나가기 위한 미래의 활동들을 사전에 준비하는 활동이라고 말할 수 있기 때문이다. 둘째, 적극적·능동적인 행위이다. 사회복지조직이 취하는 프로그램 기획은 변화하는 사회에 대해 단순히 반응하는 수동적인 조치가 아니라, 사회변화를 적극적이고 능동적으로 이끌어 나가는 성격을 갖는다. 셋째, 사회복지조직의 효율성 제고를 위한 노력이다. 사회복지조직은 미래에 수행할 프로그램에 대해 사전에 철저한 기획과정을 통하여 자원의 배분과 운영의 합리화를 이끌어 냄으로써 조직의 운영·관리 면에서의 효율성을 제고시키고자 노력한다. 넷째, 설정된 목적 및 목표의 성취를 위한 연속적·단계적인 과정이다. 사회복지 프로그램은 단순히 몇몇 사람이 모여 단번에 고안되는 것이 아니라, 클라이언트의 욕구 등에 관련된 많은 정보들을 종합하여 연속적이고 단계적인 절차에 의해서 기획된다. 다섯째, 협동적인 노력이다. 이는 조직 내외의 관련자들의 협동적인 노력에 의해서 이루어지기 때문이다. 여섯째, 일련의 의사결정 과정이다. 프로그램을 기획하는 것은 곧 그 목적과 목표를 달성하기 위한 내용과 방법 등에 대한 의사결정 과정이라 할 수 있다. 일곱째, 프로그램 기획은 조직이 운영해야 할 프로그램에 대한 활동지침을 제공하는 포괄적인 사고과정이다. 조직이 프로그램을 운영하는 데는 수많은 활동지침이 있기 마련인데, 이는 단편적인 사고과정이 아닌 포괄적인 사고과정에 의해서만 이끌어 낼 수 있다. 기획은 바로 이러한 포괄적인 사고과정인 것이다. 여덟째, 프로그램 기획은 정형적인 활동이다. 프로그램 기획은 특정 목적과 목표의 달성을 지향하는 전략을 마련하는 활동인데, 이러한 과정은 무질서하게 이루어지기보다는 일정한 규칙과 원리에 의해서 이루어진다.

3. 프로그램 기획의 원리와 원칙

프로그램 기획에서 기본적으로 지켜야 할 원리들을 나열하면, 첫째, 프로그램 기획은 특정의 목적과 목표를 달성하기 위한 활동을 구체적이고 세밀하게 편성하는 데 중점을 두어야 한다. 둘째, 프로그램 기획은 그 접근 모형으로서 단순한 선형적 모형보다는 통합적 모형(체제분석모형)을 활용하는 것이 바람직하다. 셋째, 프로그램 기획은 많은 관계자들의 적극적이고 협동적인 참여를 바탕으로, 그들의 합의에 의해서 이루어져야 한다. 넷째, 프로그램 기획은 불확실성과 모호성을 야기하는 요소들을 제거하여, 그 불확실성과 모호성을 최소화하는 데 중점을 두어야 한다. 다섯째, 프로그램 기획은 새로운 변화를 어느 정도 예측하여, 거기에 대응할 수 있는 융통성을 발휘해야 한다. 여섯째, 프로그램 기획은 기계론적 접근보다는 인본주의적 접근에 입각하여 이루어져야 한다.

한편 분(Boone, 1985)의 논의를 바탕으로, 프로그램을 기획하는 데 있어 고려해야 할 세 가지의 원칙을 살펴보면, 첫째, 프로그램 기획은 소정의 계획된 변화를 이끌어 낼 수 있는 방향에서 이루어져야 한다. 계획된 변화의 원칙이란 클라이언트들에게 어떠한 변화가 일어나야 할 것인지 그 목적과 목표를 명확히 설정해야 한다는 것이다. 둘째, 프로그램 기획은 사회복지조직과 참여자집단 간의 유기적인 결합관계에 의해서 이루어져야 한다. 결합의 원칙이란 두 체제, 즉 사회복지조직과 참여자집단 간의 긴밀한 상호작용에 의하여 프로그램이 만들어져야 한다는 것을 말한다. 셋째, 프로그램 기획은 민주주의적인 절차에 의해서 이루어져야 한다. 사회복지조직 내에서는 물론, 참여자들의 개방적이고 자유로운 참여에 의한 민주적인 의사결정을 통해 합리적인 결과를 도출해야 한다는 것을 말한다.

4. 프로그램 기획의 이점

프로그램 기획이 갖는 이점들 살펴보면, 첫째, 프로그램 기획은 추후 전개될 서비스에 대한 청사진을 제공해 준다. 즉, 프로그램 기획은 누구에게 어떤 서비스를 어떻게 제공해야 하는가를 제시해 준다. 둘째, 프로그램 기획은 실행될 프로그램이 그 조직의 이념 · 목적에 합치되도록 해준다. 셋째, 프로그램 기획은 사회복지조직의 복지적 기능과 다른 기능 사이에서 야기되는 잠재적 갈등을 완화시켜 준다. 프로그램개발자는 기획과정에서 그 조직의 기능을 고려하고, 실시될 프로그램 활동으로 인한 갈등을 사전에 예방할 조치를 취한다. 또한 조직의 이용 가능한 모든 자원들을 점검함으로써 야기될 수 있는 갈등을 사전에 차단할 수 있다. 넷째, 프로그램 기획은 서비스를 제공할 조직의 관리자들에게 의사결정에 대한 지침을 제공해 준다. 다섯째, 프로그램 기획은 프로그램 개발에 포함되어야 할 중요한 요소들을 규명하게 해준다. 프로그램 기획은 그 프로그램이 실행될 과정을 미리 규명할 수 있는 기회를 제공함으로써, 그에 관련되는 갖가지 요소들을 점검할 수 있게 해준다. 그리하여 프로그램이 실행되는 과정에서 중요한 요소들을 동원하도록 해준다. 여섯째, 프로그램 기획은 프로그램에 관련된 모든 욕구를 적절히 반영하게 해준다.

그러나 사회복지현장에서 특정의 프로그램을 기획한다고 해서 이상에서 언급된 장점들이 자동적으로 확보되는 것은 아니다. 프로그램 기획이 본래의 이점을 발휘하기 위해서는 그 과정에서 관련 요소들을 미리 상정하고, 그 결과를 충분히 예측하여야 한다.

5. 의사결정의 의의와 단계 및 모형

1) 의사결정의 의의

프로그램의 기획에서는 프로그램의 개발과 관련한 과정들(문제 또는 욕구의 확인, 목적과 목표의 설정, 내용의 선정 · 조직, 실행방법의 선정 및 실행, 평가 등)에서 각각 여러 대안들을 탐색하여 그에 대한 우선순위를 결정하고, 그에 따라 최선의 대안을 선택하는 것과 같은 의사결정이 그 핵심을 차지한다. 의사결정은 조직(혹은 개인)이 문제의 해결이나 불만족스러운 조건을 개선하기 위한 여러 대안들을 모색하여, 그중에서 조직의 목적을 가장 효과적으로 달성할 수 있는 최선의 대안을 최종적으로 선택하는 과정을 말한다.

2) 의사결정의 과정

의사결정에는 여러 활동들이 포함되는데, 이 활동들은 일련의 순서를 거쳐 연속적으로 이루어지게 된다. 그러므로 의사결정의 결과는 우연의 산물이라기보다는 논리적 과정의 산물이라고 할 수 있다 의사결정은 개인이나 조직이 어떤 결론에 도달하기 위한 의식적인 정신과정이라고 할 수 있다.

의사결정 과정에 포함되는 일련의 단계를 살펴보면,

① **제1단계 문제정의 및 욕구규정** : 조직 내외에서 인지되는 문제와 관련자들이 가지고 있는 욕구들을 확인하는 단계이다.

② **제2단계 관련 정보의 확보** : 조직 내외의 인지되는 문제와 관련자들의 욕구에 관련된 정보를 획득하기 위해 조사활동을 하는 단계이다.

③ **제3단계 해결대안의 개발 및 평가** : 의사결정자는 목표 및 잠재적 현실적 제약사항을 고려하여 일련의 대안을 개발하고, 비교 가능한 방식으로 대안들을 영역별로 분류하고, 각 대안들을 객관적으로 분석하는 단계이다.

④ **제4단계 최선안의 선택** : 문제해결에 대한 최선의 대안을 선정하는 단계이다.

⑤ 제5단계 최선안의 실행 : 이 단계는 의사결정 과정의 핵심으로 간주되는데, 이는 이전의 모든 단계가 이 실행단계에 귀착되기 때문이다.

⑥ 제6단계 환류 : 의사결정의 마지막 단계는 대안실행의 결과를 평가하여 환류시키는 것이다. 그러나 환류는 최종단계에서만 이루어지는 것이 아니라, 전 과정에서 행해져 모든 활동의 효과성과 효율성을 사정하여 즉각적인 적절한 조치를 취하는 데 도움을 준다.

3) 의사결정의 모형

(1) 합리모형

합리모형은 포괄적 합리성 모형이라고도 하는데, 여기에서는 의사결정이 매우 합리적인 과정을 통하여 이루어진다는 점을 강조한다. 이 모형은 인간을 합리적인 경제인이라고 전제하여 합리적인 의사결정을 체계화한 고전적 모형이다. 이 모형에서는 의사결정자가 문제를 명확히 인식하고 확실한 목표를 세우며, 문제해결을 위한 모든 대안들을 종합적으로 비교・검토하여 최선의 대안을 선택할 수 있다고 본다. 그러나 이러한 합리적인 의사결정 과정에서는 인간의 주관적인 가치판단을 별로 고려하지 않으며, 완전한 결과만을 추구한 나머지 그 결과의 예측을 어렵게 만들고 완전한 대안을 결정하기까지 많은 시간과 비용이 소요된다는 한계점이 있다.

(2) 만족모형

만족모형은 전술한 합리모형의 한계점을 극복하기 위해 제안된 모형인데, 이 모형에 의하면 의사결정 과정은 완전한 합리성이 아닌 '제한된 합리성'에 기초하고 있으며, 그 과정에서는 상위목적과 하위목적으로 요소화하는 수단－목적 분석이 중요시된다. 따라서 여기에서는 완전한 합리성과 일치하는 의미의 최적화는 이룰 수 없다고 전제하고, 대체로 목적달성에 있어서 어느 정도의 충분한 해결책을 추구함으로써 만족을 얻을 수 있다고 본다. 만족모형은 의사결정에 대한 합리성을 부정하는 것도 아니며, 완전한 합리성을 추구하는 것도 아니다. 여기에서는 제한된 합리성 수준에서 만족을 도모하기 때문에 그 수준 이상의 의사결정에 필요한 행동은 동원하지 않는다. 따라서 여기에서는 가장 합리적인 기대수준의 조정과 결정을 중요시한다.

그러나 이 모형도 그 제한점이 있다. 먼저, 이 모형은 의사결정 과정을 지나치게 주관적인 과정으로 본다는 점이다. 여기에서는 심리적 만족을 대안선택의 기준으로 삼고 있으나, 그 만족의 정도를 결정 지어주는 객관적인 척도는 없다. 또한 이 모형에서 말하는 대안선택은 현실 만족적인 것이며, 습관적으로 이루어지기 때문에 다분히 보수적인 경향을 띠므로 급격히 변동하는 상황 속에서 보다 혁신적인 문제해결을 요하는 경우에는 적용하기 어렵다. 그리고 이 모형은 어디까지나 개인의 의사결정 문제를 설명하려는 의도에서 나온 것이기 때문에 이것을 그대로 조직의 의사결정 과정에 적용하기에는 무리가 뒤따른다는 점 등이 그 문제점으로 지적될 수 있다.

(3) 점증모형

점증모형은 합리모형의 비현실성에 대하여 신랄한 비판을 가하면서, 현실적인 의사결정 과정을 제안하고 동시에 의사결정 결과의 실현 가능성을 높이기 위한 방안을 제시하였다. 여기에서는 합리성 추구에 있어서의 인간적 한계들을 전제로, 보수적인 의사결정을 선호한다. 이 모형에 의하면, 의사결정은 일반적으로 정치적 필요성이나 편의에 의거해서 이루어지며, 기존의 결정을 '점차로 증가시켜 나가는' 방법을 통하여 보다 바람직한 의사결정을 해나간다.

점증모형은 다원주의적이고 합의 지향적인 민주주의적 사회체제에서의 의사결정 과정을 보다 현실감 있게 설명해 준다는 점에서 다른 모형에 비해 정치적 성격이 농후하다. 이 모형의 특징을 나열해 보면, 첫째, 대안탐색에 있어 기존의 결정과 크게 다르지 않은 몇 개만 추출하여 달라진 부분을 토대로 선택한다. 둘째, 여러 대안들을 분석·평가할 경우 정보가 충분한 몇 개의 대안에 국한된다. 셋째, 각 대안에 대하여 예상되는 결과도 몇 가지에 한정시켜 분석한다. 넷째, 일단 설정된 목표도 수단적 대안의 탐색과 선택과정 중에 재조정 내지 수정된다. 다섯째, 대안의 탐색·평가 과정에서 나타나는 새로운 정보와 자료들을 처리하거나 재구성하여 활용하다. 여섯째, 목표설정에서부터 최종선택에 이르는 분석 · 평가 활동은 반복하여 연속적으로 행해진다. 일곱째, 분석과 평가는 다분히 처방적인 성격을 갖는다. 그 편의성 때문에 프로그램의 기획에서는 이 점증모형이 많이 활용된다. 점주주의에 대한 주된 비판은 기득권을 가진 프로그램들에게 유리하고 혁신을 억제한다는 것이다.

(4) 혼합모형

혼합모형은 합리모형과 점증모형을 혼합시킨 모형이다. 에치오니(Etzioni)는 합리모형을 정(正; these)으로 보고, 그에 대하여 점증모형을 반(反; anti-these)으로 보아, 이 양자의 합(合; synthese)으로서의 제3의 모형인 혼합모형을 제안하였다. 기본적이고 종합적인 결정과 세부적인 점증적 결정의 지속적인 상호작용에 의한 의사결정이 필요하게 되는데, 이러한 입장을 강조하는 모형이 바로 혼합모형이다. 여기에서 '기본적이고 종합적인 결정'은 결정자가 목표에 비추어 주된 대안들을 모색하되, 합리적 방법이 요구되는 정도의 상세성과 엄밀성을 지키지 않고 전반적으로 파악하는 것을 말하며, '세부적인 점증적 결정'은 이러한 기본적 · 종합적 결정에 의하여 정해진 조건하에서 세부적인 결정을 하는 것을 말한다.

여기에서 이러한 방법을 강조한 것은 합리모형의 비현실적인 합리성을 감소시키는 동시에, 점증모형이 가지고 있는 보수성을 극복하여 장기적 안목을 갖추기 위해서이다. 그러나 혼합모형은 장기적 전략과 단기적 변화를 동시에 이룰 수 있다는 장점을 가지고 있으나, 그것이 새로운 모형이 아니라 기존의 모형을 절충한 것에 지나지 않는다는 비판을 받고 있다.

(5) 최적모형

최적모형은 점증모형의 타산적 성격에 대한 반발로서 나타났는데, 이 모형은 종합적 합리성에 기초하고 있는 합리모형과 지속적인 제한적 비교에 기초하고 있는 점증모형의 혼합을 주장하고 있다는 점에서는 혼합모형과 유사하다. 그러나 이는 양자의 단순합계식 혼합이 아니라, 합리성과 초합리성을 동시에 고려하는 최적치 중심의 규범적 최적을 지향하고 있다는 점에서 혼합모형과는 다르며, 이는 오히려 합리모형에 보다 가깝다고 할 수 있다. 최적모형은 의사결정 과정을 의사결정 이전 단계, 의사결정 단계, 의사결정 이후 단계, 환류단계로 구분하여, 각 단계의 제 국면들을 서로 연결시켜 산출의 관계를 규명하고, 그 결과를 환류시키는 하나의 의사결정 체제를 구성하여 최대의 효율성을 올릴 수 있도록 경제적 합리성을 추구하는 데 중점을 둔다.

이렇게 볼 때 최적모형은 효과성・효율성을 기준으로 한 정태적인 의사결정 과정에 국한하지 않고, 의사결정 체제 전반에 걸쳐 투입-산출 과정을 동태적으로 개념화하는 데 그 특징이 있다. 그러나 이 모형 역시 제한점을 가지고 있다. 즉, 최적모형은 의사결정에 있어 사회적 과정에 대한 고찰이 불충분하고, 소위 '초합리성'의 구체적인 달성방법도 명확하지 않으며, 지나치게 유토피아적인 모형이라는 비판을 받는다.

6. 우선순위 결정과 합리적인 의사결정

1) 우선순위 결정

실제 프로그램의 개발 과정에서는 아주 많은 정보들이 쏟아져 나온다. 그러나 이러한 정보들은 정리되지 않은 막연한 상태로, 제대로 정제되지 않은 아이디어이며, 욕구이고 요청이며, 문제에 불과하다. 이것들은 해당 사회복지조직의 한정된 자원과 여건을 고려하여 일정한 기준에 의해 정제과정을 거치게 된다. 이러한 과정이 바로 의사결정이며, 우선순위의 결정이다. 다시 말해서, 사회복지조직이 가지고 있는 제반 자원(시간, 역량, 예산 등)을 고려하여 많은 아이디어와 욕구 중에서 우선적으로 관심을 가져야 할 것을 위계화시켜 순차적으로 결정해 나가는 것이 바로 우선순위 결정이다(김진화, 2001).

우선순위 결정은 몇 가지 점에서 프로그램의 책무성 증진에 기여할 수 있다. 첫째, 우선순위를 결정하기 위해 채택된 기준들을 명확히 함으로써, 가치

선호를 분명하게 드러내게 한다. 둘째, 우선순위 결정과정에 동원되는 정보들을 명확하게 함으로써 비합리적이거나 편견에 의한 영향력의 개입을 최소화할 수 있다. 셋째, 공식적인 우선순위 결정 메커니즘은 자원할당에 대한 의사결정에 합리성을 부여함으로써 정치적 혹은 이해집단들의 압력을 줄일 수 있다.

프로그램의 기획에서 우선순위를 결정하는 데에는 다음과 같은 점을 고려해야 한다.

(1) 우선순위 결정의 접근방법

우선순위를 결정하는 접근방식은, 첫째, '합의적' 접근방법인데, 이는 참여자들이 상호작용적인 집단과정을 통해 각종 지침들이나 규제를 검토하고, 이에 대한 토의를 거쳐서 집단적인 합의에 도달하는 방법이다. 둘째, '수량적' 접근방법인데, 우선순위의 결정에 참여하는 사람은 각자 동등한 투표권을 갖고, 최종 의사결정은 투표결과의 집계에 의해서 이루어진다.

(2) 우선순위 결정의 주체

우선순위가 결정될 대상은 주로 서비스가 되지만, 여기에는 이 외에도 조직이나 사회의 문제, 추구될 목적, 지역 혹은 인구집단 등이 포함될 수 있다. 여기에서 우선순위 결정의 주체, 즉 우선순위 결정자는 이것들에 대한 우선순위를 결정하는 과정에 깊숙이 참여한다.

(3) 우선순위 결정을 위한 기준

우선순위를 결정할 때 적용되는 기준에는 우선순위 결정대상의 중요도, 효과성, 효율성, 필수성 등이 포함된다.

2) 합리적인 의사결정

프로그램의 기획에서는 문제나 욕구의 확인, 목적과 목표의 설정, 내용의 선정・조직, 실행, 평가에 이르기까지의 다양한 의사결정들이 이루어지게 된다. 기획은 합리적인 의사결정을 필요로 한다. 다양한 방법들이 합리적 의사결정에 도움을 줄 수 있다. 합리적인 의사결정을 위한 방법들에는 사회지표분석, 구역분석, 명목집단기법, 교차-영향 행렬표, 합리적 예산안 등이 있는데, 이들은 모두 의사결정의 합리성을 증진하기 위한 것들이다.

(1) 사회지표분석(Social Indicator Analysis)

사회문제를 수량화하는 도구로서, 대상 집단에서의 문제들이 욕구로서 존재하는 정도를 사정하는 데 유용하게 쓰이는데, 이 방법은 적절한 자료요소들을 선택하여 이를 적절히 조합해서 지표화하는 방법이다(실업률, 아동학대 발생률, 영아사망률 등).

(2) 구역분석(Area Analysis)

사회지표분석을 보다 구체적으로 적용한 기법으로, 행정관할 구역들을 기준으로 욕구의 분포 상태를 확인하는 데 유용하게 활용된다.

(3) 명목집단기법(Nominal Group Technique)

이 기법은 구조화된 집단방법으로 의사결정 집단에서 아이디어들을 민주적으로 도출하는 데 사용된다. 집단들이 대안들을 검토하고 그에 따라 의사결정(예 문제나 욕구의 우선순위 결정, 프로그램 선택 등)에 이르러야 할 때 여기에서는 집단 구성원들의 '합의'가 아닌 '표결'이라는 방법을 사용한다.

(4) 교차-영향 행렬표(Cross-impact Matrix)

의사결정 과정에서 참여하는 모든 개인들에게 동등한 점수부여권이 주어진다. 개별 서비스 프로그램들이 지역사회의 문제들에 미치는 영향을 교차시켜 만든 행렬표에 각자의 판단에 의해 점수를 부여하고, 그것들을 집계해서 각 프로그램에 대한 상대적인 순위를 도출하는 방식으로, 우선순위의 결정에 유용하다.

(5) 합리적 예산안(Reasonable budget)

영기준 예산이나 프로그램 예산 등이 이에 해당하는데, 프로그램 개발 과정에서 산출물 혹은 성과를 도출해 내는 데 소요되는 각각의 예산을 산출하여, 그에 따라 대안적 개입전략의 상대적인 효율성을 확인하는 것을 말한다.

7. 프로그램 기획과 관련된 사회복지사의 자질

이 과정에서 사회복지사가 갖추어야 할 자질은, 첫째, 사회복지사는 자신이 몸담고 있는 사회복지조직의 이념, 철학, 목적 및 임무 등에 대하여 잘 인식하고 있어야 하며, 그것을 실현하는 데 최선을 다해야 한다. 둘째, 사회복지사는 사회복지조직의 구조를 잘 파악하고, 그 역동적 구조 속에서 자신의 위치(지위)와 역할에 대한 충분한 인식을 토대로 그 역할수행에 전념해야 할 뿐만 아니라 조직의 다른 구조(부서)와의 유기적인 관련성을 유지하는 데도 세심한 주의를 기울여야 한다. 셋째, 사회복지사는 사회복지조직에서 일어나는 일련의 과정에 대해 잘 알고 있어야 하며, 이와 관련된 역할을 수행할 수 있도록 필요한 자질을 숙달시켜야 한다. 넷째, 사회복지사는 프로그램을 개발하는 데 활용될 수 있는 개념적 · 이론적 모델을 이해하고, 또 이 모델을 적용할 수 있는 역량을 부단히 숙달시켜야 한다. 다섯째, 사회복지사는 조직이 지속적으로 변화하고 있는 지역사회의 문제들과 잠재적 클라이언트들의 욕구를 민감하게 파악하여 필요한 후속조치들을 취하도록 그 욕구들을 객관적이고 체계적으로 사정할 수 있는 방법을 잘 알고 있어야 한다. 여섯째, 사회복지사는 사회복지조직과 관련된 사회문화적 환경(상황)에 대하여 철저히 이해하고 있어야 한다. 일곱째, 사회복지사는 사회복지조직으로부터 참여기회를 제공받게 될 표적대상자(잠재적 클라이언트)를 확인 · 분석하는 데 능숙해야 한다. 여덟째, 사회복지사는 잠재적 클라이언트의 공식적이고 비공식적인 리더를 파악하여 접촉할 수 있는 적절한 과정과 전략을 선택 · 적용할 수 있어야 하고, 잠재적 클라이언트의 리더와 구성원들과 공동의 노력으로 그들의 욕구 및 필요를 확인·사정·분석할 수 있는 능력을 충분히 갖추어야 한다. 아홉째, 사회복지사는 클라이언트들의 욕구사정과 확인된 욕구들을 프로그램의 목적과 목표로 전환시키는 요령, 그 목적과 목표의 달성에 필요한 내용의 선정·조직의 방법, 프로그램의 실행 및 평가를 위한 기법들에 대해서도 잘 알아야 한다.

제2절 사회복지 프로그램의 기획 절차

프로그램에 대한 기획은 사회문제의 분석(social problem analysis)으로부터 시작하는 것이 보통이다. 사회문제가 심각할수록 프로그램 개발의 필요성은 높아지게 된다. 따라서 사회복지사들은 사회문제를 제대로 파악할 수 있는 통찰력을 지녀야 한다. 사회문제의 원인과 실태가 제대로 파악되어야만 차후의 욕구사정과 프로그램의 목적·목표가 보다 구체화될 수 있다.

사회문제로서 자격을 갖추려면 다음의 세 가지가 충족되어야 한다(김영종, 2001).

첫째, 그 조건은 상당히 많은 수의 사람들에 의해 바람직하지 않은 것으로 인식되어야 한다. 둘째, 다른 조건들보다는 훨씬 더 바람직한 대안적인 해결방안들을 가지고 있는 것으로 인식되어야 한다. 셋째, 사람들로 하여금 기존의 상황을 변화시키고자 하는 욕구(동기)를 유발하기에 충분할 만큼 중요해야 한다.

프로그램의 기획에 참여하는 사람들에 의한 문제규정이 중요하다는 것은 분명하다. 개인들이 지역사회의 욕구를 조사하고, 이에 대해 사회적 지원을 요청하는 것은 사회복지 프로그램의 중요한 한 부분이며, 이것은 곧 사회문제를 규정하는 한 방법이 된다.

한편 사회문제분석의 목적을 충분히 구현하기 위해서는 다음과 같은 사항들에 대한 탐색이 필요하다(김영종, 2001).

① 사람들이나 그들의 환경에서 바람직하지 않은 것으로 간주되는 상황이나 조건들이 무엇인가?

이것은 예를 들어, 빈곤, 실업, 노인차별, 아동학대, 남녀불평등, 약화된 건강상태, 사회적 소외 등을 확인하는 것이다. 특히 이러한 상황이나 조건들에 대해서는 명확한 개념적 정의가 필요하다.

② 누가 그 문제로부터 고통을 받는가?

이것은 특정 문제에 의해 피해를 보는 사람들(losers)을 확인하는 것을 말하는데, 여기에는 위험에 처한 집단을 구체적으로 명시하는 것까지를 포함한다. 예를 들어, 아동 유기(child neglect)의 경우에는 그 문제로부터 고통을 받는 사람들은 물론 아동이다. 그러나 그 문제를 보다 잘 이해하려면, '위험에 처한 집단'을 구체화하는 것이 필요하다. 아동유기의 경우에 저소득, 편부모, 실업가장, 전과경력이 있는 부모 등의 가정에서 비율적으로 더 많이 발견된다는 등에 대해서도 분석해야 한다.

③ 누가 그 문제들로부터 이득을 얻는가?

이것은 특정 문제에 의해서 이익을 얻는 사람들(gainers)을 확인하는 것을 말한다. 바꾸어 말하면, 문제해결을 위한 노력을 회피하는 입장에 있는 사람들이나 집단을 확인하는 것이다. 이 분석은 변화에 대한 잠재적인 저항세력은 누구인지를 찾아내는 데 도움을 준다. 예를 들어, 노동자들의 빈곤해소를 위해 최저임금을 올리는 노력은 영세고용주들에 의해서 방해를 받는다. 아동학대를 방지하기 위한 노력들은 때에 따라 부모들로부터 방해를 받거나 저항을 초래할 수도 있다.

④ 누가 그것을 문제로 규정하는가?

사람들은 사회문제에 관해 서로 다른 관점들을 가지고 있다. 따라서 그 문제로 인해 고통을 받는 것으로 여겨지는 사람들이 스스로 그 조건을 문제로 규정하는지를 알아내는 분석이 필요하다. 알코올 문제로 인해 고통을 받을 것으로 예상되는 많은 사람들이 그것을 자신들의 문제로 규정하지 않는 경우도 많다. 아동학대의 문제가 나타난다고 여겨지는 해당 아동과 부모가 스스로는 그것을 문제라고 규정하지 않는 경우도 있다.

⑤ 누가 그것을 문제라고 규정하지 않는가?

이는 위의 문제에서 도출되는 답을 통해 자연스럽게 찾을 수 있다.

⑥ 무엇이 문제의 원인인가?

이는 그 문제해결에 대안들이 무엇이 되어야 할지를 확인하는 데 도움을 준다. 예를 들어, 정신장애의 원인을 사회 환경적 요인에 두는가, 아니면 생물학적 요인에 두는가에 따라 심리사회치료 혹은 약물치료라는 대안적인 접근방안들의 선택에 영향을 준다. 이것은 곧 어떤 전문직이 문제해결을 위한 노력의 중심이 되어야 할지를 결정하는 것과도 관련된다. 물론 한 사회문제는 복합적인 원인들이 존재하지만, 특히 초점을 두어야 하는 문제원인의 상황들은 무엇인지를 결정해야 한다.

⑦ 어떤 프로그램들이 현재 그 문제를 다루고 있는가?

이는 문제해결을 위한 대안들의 상대적인 효과성을 분석하는 데 기여한다. 기존의 사회문제들에 대해서는 나름대로의 기존 프로그램 해결방안들이 있었을 것이므로, 이들을 통해서 현재 고려되는 문제에 대한 해결방안으로서 상대적인 강·약점들을 파악해야 한다.

⑧ 이러한 프로그램을 중단함으로써 나타나는 결과는 무엇인가?

이는 기존 프로그램의 중단으로 인해서 어떤 결과가 초래될 것인지를 확인하는 것이다. 현실적으로는 이러한 접근을 통한 문제분석을 하지 않는 것이 보통이다. 다만, 이는 대안들에 대한 비교평가를 위한 자료로 쓰이는 경우가 있다.

⑨ 사회변화의 목표는 무엇인가?

이는 사회의 '어떤' 측면이 '얼마만큼' 그 문제해결을 위해 변화되어야 할지의 목표(지표)를 결정하는 것이다. 예를 들면, 실업률이 얼마만큼 변화되어야 하는가, 실업을 완전히 제거하는 것이 목표인가 아니면 그 수준을 가령 5%대로 줄이는 것이 목표인가 등을 결정하는 것을 말한다.

⑩ 욕구와 자원 간의 격차를 좁히는 데 찬성하는 세력과 반대하는 세력들은 누구인가?

이는 누가 문제로부터 고통을 받는지, 누가 그것을 문제로 규정하는지 혹은 하지 않는지, 문제해결을 회피하려는 사람들은 누구인지 등과 같은 앞서의 질문들에 대한 분석을 통해서 도출될 수 있다.

한편 지역사회 혹은 잠재적 클라이언트들과 관련된 문제를 분석하는 데 포함시켜야 할 사항들에 대하여 살펴보면, 첫째, 사회복지 프로그램의 필요성에 대한 정보인데, 과거의 맥락에서 현재를 조명하는 것이 현재 상황을 가장 잘 설명하는 방법이기 때문에 이렇게 수집된 정보들은 사회복지활동의 필요성, 기대되는 결과, 접근방법, 자원 동원계획 수립을 가능하게 한다. 둘째, 기대되는 결과에 대한 정보인데, 사회복지조직은 참여자들의 다양한 기대를 민감하게 수집하여야 하고, 기대되는 결과 또한 현실적이고, 실현 가능하고, 바람직한 것이어야 하며, 참여자들의 미래 상황이 과거 상황보다 나을 것이라는 데 대한 확신이 있어야 한다. 셋째, 기존 서비스에 대한 정보인데, 문제해결을 위해 어떤 노력(프로그램)이 어디에서 얼마만큼, 또 얼마나 효과적으로 이루어지고 있는가? 등을 조사해야 한다. 넷째, 인적·물적 자원에 대한 정보인데, 문제분석 과정에서는 프로그램을 수행하는 데 필요한 인적·물적 자원의 동원 가능성도 함께 파악해야 한다. 다섯째, 관련 체계의 파악인데, 문제분석 과정에서는 프로그램의 수행과 관련된 이용자체계, 목표체계, 행정체계, 복지조직체계 등을 함께 파악해야 한다. 여섯째, 사회복지조직 내·외의 승인 획득인데, 조직 내의 의사결정기구의 승인을 획득하고 법적·행정적·정치적 규제나 통제로부터 자유로운지를 파악해야 한다. 일곱째, 프로그램 근거이론의 정리인데, 제시된 문제 분석과 그 해결방안을 보다 타당성 있게 설명할 수 있는 이론적 근거와 프로그램 개발의 기반을 함께 제시해야 한다.

이제 이상과 같은 상황 분석을 토대로 프로그램을 개발해야 할 필요성이 충분히 확인된 다음에는, 프로그램 개발의 기본 방향이 설정되어야 하는데, 이는 추후 개발될 프로그램의 기본 성격과 특징, 중점사항 등을 확인하는 것을 말한다. 여기에서는 프로그램 개발의 범위를 결정하고, 프로그램 개발에 참여할 사람들을 결정해야만 프로그램 개발의 과정이 효율적으로 진행될 수 있다. 그리고 이것이 완료되면, 그 다음에는 프로그램 개발 과정을 진행할 수 있는 이론적 토대가 되는 프로그램 개발모델을 설정해야 하는데, 이는 물론 프로그램 개발 과정에 있어서의 필수적인 요소는 아니다.

여기에서 모델이란 프로그램을 개발하는 과정 중에서 단계적으로 진행해 나가야 할 절차들을 일목요연하게 제시해 준 개념적 틀을 설정하는 것을 말한다. 이렇게 해야만 효과적이면서 합리적인 프로그램을 개발해 낼 수 있기 때문이다. 프로그램을 효율적으로 개발하기 위해서는 사전에 어떠한 절차를 거쳐서 프로그램 개발을 진행할 것인지를 결정해야 프로그램 개발에 참여하는 사람들의 역할이 배분되고, 예상되는 제반 자원들을 예측할 수 있게 된다.

1. 프로그램 개발의 필요성 확인 및 기본 방향 설정

프로그램 개발이 효과적으로 이루어지기 위해서는 프로그램 개발이 이루어져야 하는 필요성이나 그 요구에 대한 명확한 확인과정이 반드시 필요하다. 이러한 과정을 '프로그램의 상황 분석'이라 한다. 프로그램의 상황 분석은 프로그램을 개발하기 위한 기초 작업이다. 이러한 작업에 포함되어야 할 내용들을 정리해 보면 다음과 같다. 첫째, 프로그램의 상황 분석에서는 먼저, 프로그램의 개발 여부를 결정해야 한다. 프로그램 개발은 진정 그 프로그램이 필요한가를 신중히 고려하는 것으로부터 시작된다. 둘째, 프로그램의 상황 분석에서는 프로그램에 대한 아이디어를 창출해야 한다. 프로그램의 아이디어는 프로그램과 관련된 구조적 요인, 인적 요인, 문화적 요인 및 유사조직의 상황까지를 포함한다. 먼저, 구조적 요인에는 조직의 전통과 이념 및 목표, 주요 사업의 실적, 조직의 공식적인 권위체제 · 정보체제 · 의사결정형태, 재정상태, 물리적 시설 등이 포함된다. 그리고 인적 요인에는 프로그램 개발자, 프로그램 참여자, 고위층 관리자 및 의사결정권자, 감독자, 프로그램의 이해당사자 등이 포함된다. 또한 문화적 요인에는 조직의 풍토와 지역사회의 문화적 특성 등이 포함된다. 끝으로 유사조직의 상황에는 관련 조직의 운영실태, 특히 각종 프로그램의 운영실태를 포함한다. 셋째, 프로그램의 상황 분석에는 프로그램이 요구되는 주변 상황으로서의 지역사회를 분석하는 작업이 수행된다. 프로그램은 지역사회 환경의 영향을 받으므로 지역사회와 밀접하게 관련되어 있기 때문에 지역사회의 환경 분석에는 지역사회의 정치적 · 경제적 · 문화적 · 사회적 · 심리적 · 물리적 요인 등에 대한 분석이 포함된다. 넷째, 프로그램의 상황 분석에서는 '누구를 위한 프로그램인가'를 결정해야 한다. 누구를 위한 프로그램인가는 바로 프로그램의 참여자를 예측하는 작업이다.

사회복지조직의 기획과정은 기본적으로 영리조직이나 공공조직의 기획과정과 비슷하다. 프로그램 기획(개발) 과정에 대해 많은 학자들이 의견을 제시하고 있는데, 예를 들어 로퍼(Lauffer, 1978)는, 첫째, 문제의 정의와 개념화, 둘째, 인간관계의 구조와 네트워크의 수립, 셋째, 정책의 형성과 대안전략의 서술, 넷째, 계획안 및 프로그램 설계 감독, 다섯째, 환류 및 평가로 제시하고 있다.

정규서와 강태룡(1990)은 일반적인 기획과정을 10단계로 나누어 제시하고 있다.

① 문제점을 인식한다.
② 목표를 설정한다.
③ 목표에 관련된 자료와 정보를 수집한다.
④ 기획의 전제(planning premises), 장래에 대한 예측 또는 전망을 포함한다.
⑤ 목표 달성을 위하여 필요한 모든 대안을 탐색한다.
⑥ 이 대안들의 장단점 및 문제점들을 분석하고 비교, 검토한다.
⑦ 분석, 비교, 검토된 여러 대안 중 최적의 방안을 선택, 결정한다.
⑧ 선택된 방안을 중심으로 효과적인 집행을 하기 위한 부수적인 세부계획을 수립하고, 기타 집행에 필요한 준비를 한다.
⑨ 집행계획에 예산이 책정되면 상부에서 내리는 기획의 해석에 따라 지시와 조정 및 통제 과정을 거치면서 집행을 하게 된다.
⑩ 사업이 진행되거나 또는 집행이 완료되면 심사, 분석 등에 의하여 계획을 평가하며, 평가에서 나타난 결과는 시정조치로 이어짐과 아울러 목표에 환류된다.

스키드모어(Skidmore, 1990)는 사회복지조직의 특수성을 살려 기획과정을 6단계로 제시하고 있다.

① 구체적 목표의 설정
② 관련 정보 수집 및 가용자원 검토
③ 목표달성을 위한 대안적 방법 모색
④ 대안의 실시조건 및 기대효과 평가
⑤ 최종대안의 선택
⑥ 구체적 실행계획 수립

프로그램 기획의 수립은 학자에 따라 절차와 강조점이 다르긴 하나 종합해 보면 준비/ 계획단계→실행단계→평가단계로 진행된다. 이 각각의 단계는 독립적으로 분리되어 존재하는 직선적인 관계가 아니라 서로 밀접하게 연관되어 규제하면서 주기적으로 반복되는 순환과정을 이루고 있다. 즉, 각 단계 간에 영향을 주고받는 쌍방적·상호작용적 관계라 할 수 있다. 본 서에서는 이러한 단계를 구성하고 있는 세분 단계(과정)들, 즉 첫째, (사회)문제 분석(확인), 둘째, 욕구분석(측정방법), 셋째, 서비스 대상자 선정, 넷째, 목표설정(목표의 개념과 유형, 설정방법), 다섯째, 프로그램 설계(프로그램 활동내용 구성, 예산수립, 프로그램 정보관리체계 수립, 평가계획이 포함), 여섯째, 실행과정, 일곱째, 평가의 순서에 맞추어 서술하고자 한다.

PART 02

프로그램 개발과 평가의 과정

chapter

04 사회문제의 분석과 대상자 선정 과정

어느 시대에나 사회문제는 존재했다. 18세기 1차 산업혁명 이후 사회는 빠르게 변화하고 있다. 이러한 사회적 변화는 다양한 사회문제를 야기한다. 4차 산업혁명을 논의하고 있는 이 시점에서 나타나는 다양하고 복잡한 사회문제를 예방하고 해결해야 한다. 이제 더 이상 사회문제로 나타나는 욕구들은 개인적인 차원에서 해결하기 어려워졌다. 이러한 사회문제를 해결하기 위해서 프로그램을 개발하고 실천으로 옮겨야 한다. 즉, 프로그램을 개발할 때 가장 먼저 해야 할 일은 프로그램에서 제시할 사회문제에 대한 정확한 인식이다. 본 장에서는 사회문제의 개념, 특성 및 유형, 그리고 사회문제의 해결방법에 대해 알아보고 사회문제에 해당하는 대상자의 선정 과정 및 방법에 대해 알아보고자 한다(양정하 외, 2011; 이민홍 · 정병오, 2012; 정무성, 2005; 표갑수 외, 2013).

1. 사회문제

1) 사회문제의 개념

사회문제는 시대와 사회에 따라 달라진다. 또한 사람마다 사회문제를 다르게 생각할 수 있기 때문에, 현대사회가 가진 복잡하고 다양한 사회문제의 심각성도 그 사회만큼 다양하고 복잡하다. 그렇기 때문에 사회문제를 한 가지로 정의하는 것은 바람직하지 않다.

흔히 우리는 어떠한 현상이나 사람들의 행동이 정상적이지 못하거나 기대한 바와 다를 때, 혹은 잘못되었을 때 '문제가 있다'고 한다. 문제라는 말 속에는 이미 그 현상에 대한 부정적인 이미지가 내포되어 있다. 즉, 어떤 것에 대해 부정적이고 어떤 것과 비교했을 때 비정상적인가를 제시해 줄 수 있는 준거대상이 필요하다. 또한 문제는 그 상황을 바꾸려 하거나 바꿀 수 있다는 기대 또한 반영되어 있다. 어떤 상황에 대한 변화의 가능성이 전혀 없다면 그것에 대한 문제제기는 사실상 불가능하기 때문이다.

이러한 문제적 상황은 개인적일 수도 있고 아닐 수도 있다. 또한 모든 사회적 현상이 모두 사회문제로 인식되지는 않는다. 예를 들어, 어떤 사람이 감기에 걸렸다든지 일시적으로 실업자가 되었다고 할 때, 이것은 분명 문제적 상황이긴 하나 사회문제는 아니다. 또한 홍수나 가뭄 등은 자연적 재해이며 사회문제로 정의하지 않는다.

사회문제는 자연현상과 개인적인 차원의 문제가 아니라 어느 정도 지속적이고 반복적인 사회적 차원의 문제들을 일컫는다. 예를 들어, 빈곤·실업·교육·주택·가족해체·청소년 비행·매춘·자살·중독 등이 사회문제에 해당한다. 빈곤과 같이 오래전부터 인식되어 온 사회문제들도 있고, 인터넷 중독 같이 최근에 사회문제로 부각되는 것들도 있다. 이러한 사회문제를 분석함으로써 클라이언트집단의 욕구가 파악되고, 프로그램의 목적과 목표가 설정된다. 따라서 사회문제의 확인과 분석은 프로그램 개발에 있어 가장 먼저 해야 하는 일이며, 사회문제에 대해 명확한 이해가 필요하다.

먼저 사회문제에 대한 대표적인 학자들의 정의를 살펴보면 다음과 같다.

사회문제를 체계적으로 다루어 어떤 상황이나 조건에 초점을 맞추어 정의한 호튼과 레슬리스(Horton & Leslies, 1970)는 '사회문제는 많은 사람들에게 바람직스럽지 못한 방법으로 영향을 주는 조건이며, 그것은 집단적 사회행동에 의하여 무엇인가 행해질 수 있으리라고 느껴지는 상황이다'라고 정의하였다. 랩과 셀즈닉(Rabb & Selznick, 1959)은 '사회문제는 인간관계를 저해하는 행위로 다수의 사람을 불행하게 하거나 가정을 지키는 사회적 능력을 위협하는 사회적 상황'이라고 정의하였다. 최일섭과 최성재(2002)는 '사회문제는 어떤 사회적 현상이 사회적 가치(또는 규범)에서 벗어나고, 대다수의 사람들이 그 현상으로 인하여 부정적인 영향을 받고 있으며, 그 원인은 사회적인 것이고, 다수의 사람들이나 영향력 있는 일부의 사람들이 문제로 판단하고 있으며, 사회가 그 개선을 원하고 있고, 개선을 위하여 집단적·사회적 행동이 요청되는 것이다'라고 정의하였다.

2) 사회문제의 특성

상기와 같은 사회문제의 정의에 바탕을 두고 최선화 등(2006)은 사회문제의 특성을 다음의 네 가지로 구분하여 설명한다.

첫째, 사회문제는 그 원인이 사회에 있는 문제이다. 어떤 문제가 사회문제가 되기 위해서는 문제의 원인과 특성이 사회적이어야 한다. 폭풍, 홍수 및 지진 등은 그 원인과 본질이 자연적인 재해이며 사회문제는 아니다.

둘째, 사회문제는 사회 구성원이 지배적인 사회가치나 규범에서 벗어난 것이라고 판단하는 현상이다. 즉, 사회문제를 규정하는 것은 도덕적인 평가의 요소를 강하게 내포한다. 그래서 사회문제는 한 사회의 지배적 가치나 규범에 어긋나는 행동이다.

셋째, 다수 또는 영향력 있는 사람이 사회문제로 판단해야 한다. 어떤 현상이 사회문제가 되기 위해서는 다수의 사회 구성원이나 일부 사회적으로 영향력이 있는 사람들이 현상을 사회문제로 판단해야 한다. 특정 사회문제는 신문, 방송 및 잡지 등 언론 및 방송매체에서 사회적 관심을 불러일으키는 데 성공했거나, 정치가나 학자 등 사회에서 영향력 있는 소수의 인사들에 의해서 바람직하지 못한 사회현상으로 규정된다.

넷째, 사회문제는 국가적 개입 혹은 사회운동을 불러일으킨다. 사회문제의 해결이나 그 문제의 고통 완화를 위해서는 사회적·국가적 차원의 개입이 뒤따른다. 사회문제를 해결하기 위한 사회적·국가적 개입은 많은 자원의 투입을 필요로 한다. 그 자원은 대부분 국민의 세금으로 충당된다. 따라서 사회문제는 직접적인 피해 당사자들뿐만 아니라 전체 사회 구성원에게도 간접적으로 영향을 미친다. 그러나 사회문제의 해결을 위한 국가적 차원의 노력이 계속 연기되거나 포기한 경우에는 사회운동으로 진행될 수 있다. 피해 당사자들이 자신의 이해를 표출할 수 없을 경우 다양한 시민단체나 연구자 집단, 종교단체 등이 이들의 입장을 옹호하기도 한다.

3) 사회문제의 유형

사회문제는 문제의 원인이나 문제의 성격 또는 문제의 양상에 따라 다양하게 분류된다. 대표적인 학자들의 분류를 살펴보면 다음과 같다.

(1) 머튼과 니스벳(Merton & Nisbet, 1976)의 분류

- 사회해체 문제 : 가족해체, 빈곤문제, 지역사회해체 문제, 인구문제, 인종문제, 노동과 자동화 문제 등
- 일탈행위 문제 : 정신장애, 청소년 비행, 범죄문제, 약물중독, 알코올중독, 자살, 성 문제 등

(2) 최일섭 · 최성재(2002)의 분류

- 사회변동 또는 사회해체 문제 : 가족문제, 노인문제, 환경문제
- 사회적 불평등 문제 : 빈곤문제, 성차별문제, 노사문제
- 사회적 일탈 문제 : 청소년 비행, 범죄문제, 성폭력, 약물중독, 정신건강 문제

사회복지사는 사회문제 해결을 위해 사회현상에 민감해야 한다. 바람직하지 못한 사회현상의 구체적인 개념화가 이루어져야 문제해결을 위한 설계에 들어갈 수 있기 때문이다. 즉, 사회문제에 대한 명확한 기술은 프로그램의 목표를 구체적으로 확립하고 적절한 개입전략을 계획할 수 있게 해준다.

4) 사회문제의 분석틀

케트너, 모로니, 마틴(Kettner, Moroney, & Martin, 1999)은 사회문제를 분석하는 이론적인 틀을 다음과 같이 제시한다.

(1) 상황 혹은 상태의 본질은 무엇인가?

프로그램 기획자는 서비스 제공자, 지역사회 지도자, 문제에 영향을 미치는 사람들을 포함해서 가능한 한 매우 다양한 개인과 집단으로부터 사회문제에 대한 사실과 느낌을 수집한다. 예를 들어, 가족폭력이 증가하는 문제와 관련하여 전문가뿐만 아니라 그 문제에 영향을 받은 사람들, 이를테면 학대받는 여성과 그들의 자녀들, 지역사회 지도자들, 경찰과 시의원 등으로부터 정보를 수집해야 한다.

(2) 사회문제에 대한 정의는 어떠한가?

수많은 기획 노력이 갑자기 종결되거나 비효과적인 프로그램으로 결론을 내리게 되는 이유 중의 하나는 기획에 참여한 사람들이 같은 방향으로 문제를 명확하게 이해하고 있지 않기 때문이다. 예를 들어, 지역사회의 실업문제에 관심이 있다고 했을 때, '실업'이라는 용어는 적극적으로 구직하는 사람들만을 언급할 수도 있고, 혹은 '낙심한 구직자', '시간제나 연 50주 이하를 근무하는 불완전 노동자'를 포함할 수도 있다. 모든 용어에 대한 공통된 이해를 하게 될 때 문제와 표적집단에 대한 공유된 정의가 나온다.

(3) 문제 상황을 겪고 있는 사람들의 특성은 무엇인가?

이 질문에 답하기 위해서, 우리는 통계학적 용어로 문제를 설명할 수 있다. 그들은 누구이며, 어떤 사람들인가? 만약 프로그램 기획자가 가정폭력 문제에 관심이 있고, 그것에 대한 정의에 합의를 했다면, 다음 과제는 그러한 여성들이 누구인가를 설명해야 한다. 대부분의 지역사회에서 이 집단을 구성하는 매우 다른 하위집단들을 발견할 수 있다. 그들은 하나의 동질적인 집단으로 생각할 수 없다. 일부는 어린 자녀가 있는 가족일 수도 있고, 다른 집단은 정신적 문제를 가지고 있을 수 있다. 또한 약물남용의 문제를 가진 개인일 수도 있다. 이러한 자료가 없는 한 프로그램 기획 노력은 가정폭력의 문제를 경험하는 일부 하위집단에게만 적용되는 프로그램과 서비스를 제공할 수밖에 없다.

(4) 문제 상황의 크기와 분포는 어떠한가?

이 질문은 문제 상황에 있는 인원수와 공간적 크기를 측정해야 한다. 이 자료들은 두 가지 수치를 제공한다. 첫째, 인원수의 측정이며, 둘째, 상황의 공간적 크기이다. 이것은 프로그램 기획자들에게 개입전략의 초기 방향을 제시한다.

(5) 사회문제로 인해 위협받는 사회적 가치는 무엇인가?

지역사회 주민들이 문제 상황이 존재했던 것을 알게 되면, 이들이 어떻게 반응할 것인지에 대해서 조사할 필요가 있다. 예를 들면, 학대받은 여성과 자녀들에 대해서 일반 지역사회 주민들이 어떤 반응을 보이는가? 가족의 안전에 대해서 관심을 가지는가? 학대받은 사람에게 보호가 필요하고, 그들 자신이나 자녀들을 위해 안정된 생활을 할 수 있도록 지원하고자 하는가? 지역주민들과 지도자, 방송매체와 특별한 이해집단들의 관점은 이러한 특정한 상황이 문제로 여겨지는지를 결정할 때에 중요하다.

(6) 상황이 광범위하게 인식되고 있는가?

추후 행동에 대한 지역사회의 잠재적 지원에 대한 아이디어는 가치가 있다. 만약 문제 상황이 널리 인식되지 못했다면, 프로그램의 개입이 이루어지기 전에 지역사회 주민들을 위한 교육이 필요하다. 상황이 단지 일부 전문가 혹은 기관 및 그 상황에 처한 일부 사람들에게만 인식되어 있다면, 지원에 대한 요청에 지역사회가 호의적으로 반응하기를 기대하는 것은 어렵다. 노숙자들과 AIDS 문제가 대표적 예이다. 1980년대 초에는 이러한 문제에 관심을 가진 사람이 거의 없었다. 대부분의 사람들이 이들의 수는 많지 않을 것이라고 생각하였기 때문이다. 일반 대중과 지역사회 지도자들이 이런 상황에 대해 보다 많은 인식과 이해를 가지고 있을 경우에만 지역사회의 대처가 일어날 수 있었다. 가정폭력의 경우 마찬가지로 점점 더 많은 사람들이 가정폭력을 심각한 문제로서 인식하고 있다.

(7) 누가 사회문제로서 규정하는가?

이 추론에 대한 질문은 상황의 해결을 누가 지지하고, 누가 반대하는가이다. 프로그램 기획에서 문제분석은 전통적인 조사 차원과는 분명히 다르다. 프로그램 기획에서 문제분석은 '누가, 무엇을, 어디서'라는 분석뿐만 아니라, 정치적 환경에 대한 분석까지도 포함한다.

(8) 문제의 원인은 무엇인가?

문제의 원인을 목표로 하는 개입은 긍정적인 결과를 가져오지만 그렇지 않은 경우에는 부정적이다. 원인분석은 문제에 대한 이론적 고찰과 연구문헌의 고찰, 문제의 역사에 대한 이해에서 나온다. 원인을 규명하는 데는 역학적 모델이 도움이 된다. 역학적 접근은 인과관계의 사슬이 존재한다는 가설을 세우고, 사슬이 변하거나 끊어지면 최소한 일부라도 문제가 해결될 것이라고 가정한다. 문제에 대한 프로그램 기획자의 지식이나 정보의 양은 인과관계에 대한 공통된 이해의 정확성과 타당성에 중요한 영향을 미친다. 기획된 프로그램 개입의 원인과 효과에 대한 공통의 이해를 바탕으로 개입이 수행되기 때문에 매우 중요하다.

(9) 인종별, 성별 고려가 있는가?

초기에는 분석틀에 포함되지 않았지만, 인종별, 성별 고려가 있는가는 몇 년 전부터 중요하게 부각되었다. 성과 문화에 대한 문헌들이 증가하면서, 프로그램 기획자들은 프로그램의 개입이 인종이나 성적 고려사항과 영향을 주고받는다는 것을 중요하게 생각하게 되었다. 일반적인 개입은 다양한 수많은 집단에게 동일하게 적용하지만, 패키지로 된 개입방법들은 이러한 점들을 고려해서 구성된다. 몇몇의 저자들은 페미니스트, 인종적 특성을 고려한 개입방법들을 개발하였다.

5) 사회문제 해결을 위한 단계

지은구(2005)는 사회문제 해결을 위한 단계를 다음과 같이 제시한다.

(1) 문제로 정의하기

어떤 현상이나 조건이 사회문제인지 아닌지를 명확히 알 수 있기 위해서는 먼저 사회문제를 구성하고 있는 요소를 분석해야 한다. 이를 통해 사회문제가 누구에게 문제가 되는지 알 수 있다. 또한 왜 그 현상이나 조건들이 문제인가를 설명해 주며, 그리고 사회개입을 위한 잠재성을 결정할 수 있도록 돕는다.

(2) 해결되어야 하는 사회문제로의 건설

일단 집단이나 사람들이 문제가 있는 조건을 지적하면 그 조건은 요구가 필요한 상태로 전환된다. 다시 말해, 문제에 개입하기에 앞서 조건이 문제로서 정의되도록 요구하게 되는 과정을 거치게 되는데, 이 과정을 사회문제로의 건설 과정이라고 한다. 즉, 요구수렴 과정을 거쳐야 비로소 한 조건이 문제로 인정받게 되고 해결을 위한 대책이 제시된다.

(3) 사회문제의 공식화

사회문제가 공식적으로 인정받게 되는 과정을 사회문제의 공식화(formulation)라고 한다. 이 단계에서 대중매체는 주민들이나 시민들이 문제에 관심을 갖기 전에 일련의 이슈나 문제들을 알려주는 중요한 역할을 수행한다. 대중매체에 의해 알려진 사회문제가 공식화되면 프로그램 기획가는 사회문제를 해결하기 위한 구체적인 계획을 수립한다.

(4) 문제가 존재하는 사회적 현실에 대한 인식

어느 한 조건이 문제로 정의된다는 것은 대다수 사람들에 의해서 문제가 사회적으로 건설된다는 것을 의미하며, 사회적으로 건설되지 못한 어떤 조건은 집단적 대응을 필요로 하는 사회문제라기보다 개인적 또는 어떤 특정한 집단들만의 문제일 가능성이 크다. 문제로의 개입을 위해서 사회 구성원들이나 클라이언트들이 가지고 있는 사회와 현실에 대한 인식에 있어 그들과 하나의 공동의 현실에 대한 이해와 함께 프로그램 기획가들은 문제에 존재하는 지역, 사회 또는 세계의 개념화를 위해서 특정 지역의 문화적 정황(culture context)을 이해해야 한다. 그리고 사회 안에 있는 다양한 사회적 계층(예를 들어, 빈민들이나 취약 계층)에 대한 인식도 중요하다.

(5) 사회문제의 해결

톨먼(Tallman, 1976)에 의하면 사회문제를 해결하기 위해 가장 중요한 요소는, 첫째, 인지력 또는 인식력(perception)이고, 둘째, 행동(action)이다. 프로그램 기획가들은 사회문제에 대한 반응을 증가시키고, 발전시키며, 그리고 인지하는 사람들이다. 따라서 프로그램 기획가들은 사회 구성원들의 문제해결에 대한 기대와 그들의 감정, 그리고 그들로부터 지원을 받아 문제해결을 시도한다. 또한 프로그램 기획자들은 논리적으로 문제를 확인하고 접근할 수 있어야 하는데, 이를 위해서 다음과 같은 행동들이 필요하다.

- 조건을 서술한다(왜 그 조건이 파괴적인지, 해를 끼치는지, 비윤리적인지 등을 밝힌다).
- 조건의 원인이 무엇인지를 확인한다.
- 그것을 해결하기 위해 행해졌던 것을 서술한다.
- 어떻게 사람들이 그것을 행하기 시작했는지를 설명한다.

이와 같은 내용들은 특정한 조건이나 현상이 어떤 맥락을 통해 사회적으로 해결되어야 할 필요가 있는 문제로 규정되는지를 보여준다. 이러한 요소들에 대한 분석을 통해 특정 조건이 사회문제로 규정되고 나면, 이 문제와 관련된 구체적인 대상자가 누구인지 명확하게 규명해야 한다.

2. 대상자 선정 과정

프로그램의 대상자 집단이 곧바로 파악될 수도 있으나, 일반적으로 자료가 없어 누구를 프로그램의 대상자로 삼을 것인가를 생각해야 한다. 프로그램을 설계하는 과정에서 누구에게 프로그램을 전달할 것인지를 결정하는 과정은 매우 중요한 과제이며, 프로그램의 대상자 선정 과정은 명확한 선정기준(우선순위)과 동의과정을 거쳐야 한다. 프로그램 기획자가 모호하거나 임의적인 기준으로 대상자를 선정한다면, 프로그램의 정당성 확보는 멀어지게 된다. 프로그램을 재정적으로 지원해 주는 공공 및 민간 기관에서도 프로그램 제안서에서 문제나 욕구를 가진 대상자 선정과 프로그램에 참여하는 과정에 대한 절차를 매우 중요한 평가 기준으로 삼고 있다. 개입하고자 하는 대상자에 대한 부정확한 정의나 선정은 결국 적합한 클라이언트가 받아야 할 혜택을 줄어들게 하며 프로그램의 효과성도 떨어지게 한다(이민홍 · 정병오, 2012).

먼저 개발될 프로그램에 참여할 대상자가 누구인지, 대상자가 어느 지역 또는 어느 부류인지를 파악해야 하고, 그들의 특성이 어떠한지, 거주지는 어디인지 등을 대략적으로 확인해야 한다. 이러한 확인과정을 거쳐 누가 무엇을 얼마만큼 어떤 조건하에서 얻었는가를 분석할 수 있으며, 성과를 위해 프로그램의 목적과 목표 설정, 내용의 선정, 실행방법의 결정까지 프로그램 기획단계에 영향을 미칠 수 있다(표갑수 외, 2013).

1) 대상자 선정 과정

프로그램 대상자 선정은 프로그램에 참여하는 클라이언트들을 선별하는 단계로, 프로그램으로부터 혜택을 받을 대상들이 누구인가와 특정 문제를 가지고 있는 사람들의 욕구를 해결하기 위해 기획된다. 프로그램 기획 시 특정 문제에 직면해서 욕구를 가지고 있는 사람들의 어느 범위까지 서비스를 제공할 것인지를 염두에 두어야 한다. 프로그램의 대상자 선정은 프로그램이 성취하려고 하는 목적과 목표들을 결정하고 프로그램의 기술적인 내용들을 구체화하기 바로 전 단계에 요구되는 과정이므로 신중을 기해야 한다(표갑수 외, 2013).

현재 사회복지 프로그램 개발에서 대상자를 선정하는 절차는 타버와 피네건(Taber & Finnegan, 1980)이 제시한 네 가지의 인구집단으로 구분하고 순차적으로 좁혀가는 방식을 가장 많이 사용한다. 네 개의 인구집단은 일반집단(general population), 위험집단(at-risk population), 표적집단(target population), 클라이언트집단(client population)이다. 프로그램의 최종 대상이 되는 인구집단은 클라이언트집단으로, 실제로 프로그램에 참여하는 집단을 말한다(이민홍 · 정병오, 2012).

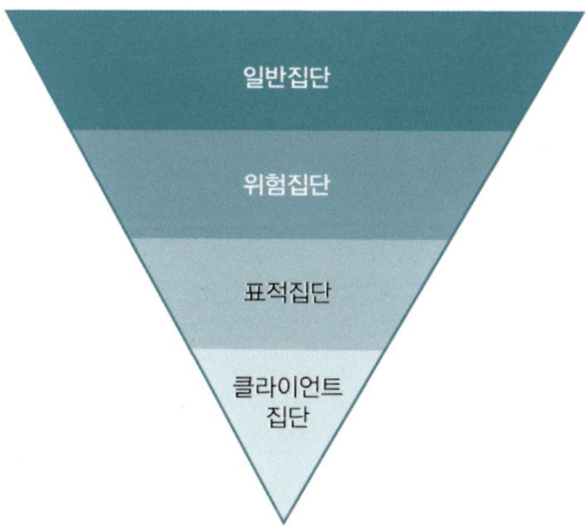

| 그림 4-1 | 클라이언트집단 추정방법

(1) 일반집단

일반집단은 해당 문제나 욕구를 가질 수 있다고 판단되는 가장 포괄적인 대상인구집단이다. 일반적으로 프로그램의 대상자는 지역이나 국가 내에 거주하는 전체 국민이 될 수도 있으며, 문제나 욕구의 속성과 관련이 있는 전체 인구집단이 되기도 한다.

일반집단은 프로그램 영역의 모든 집단을 포함한다. 즉, 대상집단이 속한 모집단으로 해당 사회복지서비스 조직이 서비스를 제공하는 행정관할 구역 내의 일반사람들을 포함한다.

(2) 위험집단

위험집단은 일반집단 중에서 프로그램을 통해 개입하고자 하는 문제에 특히 노출될 위험이 크거나 욕구 차원에서 높은 욕구를 가질 수 있는 인구집단을 의미한다. 위험집단의 규모는 일반집단에서 문제나 욕구가 발생하는 비율을 통해 추정한다.

위기집단은 일반집단으로부터 프로그램이 서술하였던 사회문제에 특별히 영향을 받을 수 있는 가장 취약한 집단을 의미한다. 즉, 일반집단 중에서 특정 문제에 노출되었거나 문제를 겪은 경험이 있는 사람들을 말한다. 위기집단은 일반집단 중에서 프로그램이 다루고 있는 사회문제에 직접적으로 연관이 있고, 특정의 개입을 필요로 하는 사람들을 추정하여 산출한다.

(3) 표적집단

표적집단은 프로그램 기획자가 직접적으로 서비스를 제공하고자 의도하는 인구집단이다. 위험집단에 속해 있는 인구집단이 문제나 욕구가 있다고 해서 모두 프로그램 대상자가 되는 것은 아니다. 위험집단 중에서도 특히 문제에 대한 개입이 절실히 필요하거나 우선적인 욕구 충족이 수행되어야 할 인구대상을 먼저 선정하게 된다. 위험집단 중에서도 표적집단을 선정하기 위해서는 여러 가지 욕구조사 방법을 활용한다. 지역사회 욕구조사, 저소득층만을 대상으로 실시한 조사, 2차 자료(지역사회복지계획, 사회지표조사, 통계자료 등)를 활용하여 표적집단의 수를 추정한다. 일반적으로 프로그램이 지역사회를 기반으로 하여 제공되기 때문에 지역적 분포가 가장 자주 활용된다. 하지만 위험집단에서 표적집단으로 좁혀가는 방식에서 지역 단위를 활용해서는 안 된다. 단, 특정 지역에 사는 것 자체가 위험요인으로 작용할 수 있다면 지역을 기준으로 표적집단을 선정할 수 있다.

표적집단은 위기집단 중에서 프로그램의 직접적 수혜자가 될 자격을 갖춘 사람들을 의미한다. 다시 말해, 표적집단은 프로그램을 통하여 관련 사회복지 서비스를 받아야 할 대상을 말한다. 위기집단으로부터 표적집단을 추출할 때는 특정 기준을 정하여 문제의 심각성이 높은 집단을 선정하되, 프로그램이 접근할 수 있는 지리적 경계 내에 있는 사람들로 한정한다.

(4) 클라이언트집단

클라이언트집단은 실제적으로 프로그램에 참여하여 서비스, 교육, 상담 및 정보제공 등의 혜택을 받게 되는 프로그램의 직접적 참여자를 의미한다. 표적집단에 해당된다고 해서 모두 클라이언트집단으로 선정되는 것은 아니다. 현실적으로 표적집단에 해당되지만 접근성의 문제나 자신의 상황이 허락되지 않아서 프로그램에 참여하지 못할 수 있다. 표적집단에 해당되어도 클라이언트집단으로 선정되는 비율은 매우 낮으므로, 프로그램 대상자인 클라이언트집단으로 선정된 이후에 많은 논란이 발생할 수 있다. 결국 프로그램 개발자는 클라이언트집단의 선정기준, 우선순위, 모집방법(동의과정 포함) 등에 대해서 구체적으로 명시한다.

클라이언트집단은 표적집단에 해당되는 인구집단에게 프로그램에 대해 우편, 전화 및 방문 등을 통해 홍보하고, 참여를 희망하는 표적집단을 대상으로 면접이나 사정을 통해 모집한다. 특히 모집과정에서 클라이언트 또는 클라이언트의 보호자를 통한 동의 과정을 포함하여야 한다

클라이언트집단을 선정하기 위해 선정기준, 우선순위, 모집방법(동의과정 포함)에 대한 절차는 순차적이 아니라 동시에 순환적으로 진행된다. 클라이언트집단은 표적집단 중에서 프로그램의 클라이언트가 되는 집단이다. 즉, 클라이언트집단은 제공하게 될 프로그램에 직접 참여하게 되는 사람들로 가능한 한 참여욕구가 전제되어야 프로그램이 성공적으로 이루어질 수 있다. 현실적으로 서비스에 대한 접근성의 문제로 인하여 표적집단 전체가 클라이언트집단이 되기가 어렵기 때문에 원칙적으로는 자발적인 참여를 원칙으로 하지만 상황에 따라 특별한 자격을 갖춘 사람을 선정하여 최종 결정하는 경우도 있다.

2) 대상자 선정 기준

프로그램 관리자에게 있어 가장 중요한 과제는 표적집단 중에서 누가 서비스를 받을 것이며 누가 받지 못할 것인가를 정하는 것이다. 다음의 네 가지 요인이 기준이 된다(정무성, 2005; 표갑수 외, 2013).

(1) 실현 가능성

클라이언트 선정에 있어 가장 일반적인 고려는 프로그램의 실현 가능성이다. 클라이언트들이 충분히 참석할 수 없는데도 불구하고 프로그램이 너무 자주 제공되는 것은 결과적으로 예산의 낭비를 가져온다. 이는 프로그램 담당자나 클라이언트, 후원자 모두에게 실망감을 주게 된다. 프로그램의 한계가 정해지면 관리자는 어떤 사례가 우선시되어야 하는지를 결정해야 한다. 대기자 리스트에 의해 먼저 온 사람이 먼저 프로그램을 받게 될 것인가? 혹은 문제의 심각성을 고려하여 우선순위를 정할 것인가? 중요한 것은 이러한 결정이 프로그램의 진행 중에 관리자나 다른 결정권자들, 즉 후원자나 지역사회 유지들에 의해 결정되는 것이 아니라 프로그램 담당자에 의해 프로그램 기획 단계에서 이루어져야 한다는 것이다.

(2) 자발성과 자기결정권

프로그램에 참여할 자격이 있는 사람이 서비스를 받는 것을 원치 않을 수도 있다. 예외적인 경우를 제외하고는 프로그램에서 클라이언트들은 자발적이어야 하고, 적어도 그들 자신이 서비스를 받는 것을 선별할 수 있는 지각이 있어야 한다.

(3) 참여동의서

프로그램 관리자는 클라이언트 모집 과정에서 반드시 프로그램 참여동의 과정을 거쳐야 한다. 만약 클라이언트가 프로그램에 참여할 적합한 조건을 갖추고 있다 하더라도 참여의사가 있는 클라이언트로 집단을 구성해야 하는 윤리적 책임이 있다. 특히 프로그램에 참여할 필요가 있는 클라이언트에게 프로그램의 목적, 대상조건, 주요 내용, 참여로 인한 변화 등에 대해 자세하게 설명하고 클라이언트가 자발적으로 참여 여부를 선택할 수 있음을 알려주고 난 이후에 참여 여부를 최종적으로 결정하게 해야 한다(이민홍 · 정병오, 2012).

그러나 실제로 프로그램에 참여하는 클라이언트집단 중에는 고지된 프로그램 참가동의서를 작성할 수 있는 의사결정 능력이 미흡하거나 욕구가 없는 경우가 있다. 프로그램 참여를 위한 적극적 설득과정이 필요한 집단의 경우가 있을 수도 있고, 의사결정 능력이 미흡한 아동이나 청소년의 경우에는 가족이나 전문가 등으로부터 대리동의서를 받을 수 있다.

노인보호 프로그램 동의서

본 ○○기관은 신체적 · 정신적 · 정서적 · 성적 폭력, 경제적 착취, 방임 및 유기 등으로 고통받는 어르신에게 노인보호 프로그램을 통해 건강한 삶을 살 수 있도록 도와드리고 있습니다. 프로그램을 시작하기 전에 다음 사항에 대해 유의하여 주시길 바랍니다.

1. 본 프로그램의 목적은 어르신에게 행해지는 모든 형태의 잘못된 대우나 학대적인 행동이 앞으로 일어나지 않도록 도와드리는 것입니다.
2. 프로그램은 문제의 심각성에 따라 1회기부터 10회기까지 이루어질 수 있으며, 회기별로 약 1~2시간 정도 소요됩니다.
3. 프로그램에서 어르신과 가족에 관한 질문으로 당황스럽거나, 불편하게 느끼실 수도 있습니다. 경우에 따라서는 가족에게 법률적 위반관계를 밝히기도 합니다.
4. 프로그램에 참여하지 않는다고 해서 본 기관(시설)을 이용하지 못하시는 것은 절대 아닙니다.
5. 본 기관에서는 어르신의 모든 프로그램 참여 활동에 대해 비밀보장을 원칙으로 합니다.

☑ 위의 내용에 대해 동의합니다.

________ 20○○년 월 일	________ 20○○년 월 일
내담자(보호자) 서명 및 날짜	상담자 서명 및 날짜

| 그림 4-2 | 고지된 동의서

출처 : 이민홍(2011), p. 14.

(4) 클라이언트의 능력

프로그램으로부터 이익을 얻기 위해서는 클라이언트가 어느 정도 능력을 보이거나 자원을 가지고 있어야 한다. 특히 강점 관점에서 보면 모든 인간은 나름대로 자원이나 잠재력, 즉 강점을 가지고 있다. 따라서 프로그램은 사전에 클라이언트의 강점을 고려하여 기획해야 한다. 표적집단의 개인들은 프로그램에 참여하기 위해 교통수단이 필요할지도 모른다. 그들은 특정 날짜의 특정 시간을 할애할 수 있어야 한다. 그들은 집단에 참여할 수 있는 의지와 능력을 보여주어야 한다. 프로그램 관리자는 클라이언트가 프로그램으로부터 이익을 얻을 합당한 기회를 가지기 위해 필요한 최소한의 능력이 무엇인지를 알아야 한다.

chapter

05 욕구조사 과정

욕구조사는 사회복지분야에서 중요하게 활용되고 있는 조사방법으로, 특정 지역사회 또는 특정 집단의 사회문제를 해소하기 위한 서비스의 개발이나 기존 서비스의 보완을 위한 작업에 앞서 대상집단의 욕구를 정확히 파악하기 위해 실시하는 조사이다(채구묵, 2001). 욕구조사의 주된 부분은 조사대상이 어떠한 욕구를 가지고 있는가를 파악하는 것이며, 서로 다른 욕구 간의 우선순위를 파악하는 것이다.

욕구조사에 앞서 욕구의 개념에 대해 정리할 필요가 있다. 사람들이나 사회가 가지는 욕구란 무엇인지를 규정하는 작업에는 다양한 시각과 관점이 있다. 사회문제에 대한 규정과 마찬가지로, 욕구조사를 적절히 이해하려면, 먼저 욕구의 개념과 과정을 명확히 이해해야 한다(김영종, 2013). 본 장은 욕구의 개념, 특성 및 유형, 욕구조사의 필요성과 그 내용 및 방법에 대해 설명한다(김영종, 2013; 이민홍 · 정병오, 2012; 정무성, 2005).

1. 욕구의 개념 및 특성

욕구는 개인, 가족, 집단 및 지역사회 등의 다양한 사회체계가 생존이나 성장 · 발전에서 무엇인가가 결핍된 상태이다. 욕구(needs)의 개념은 요구(wants)와 유사하게 보이나 차이점이 있다. 요구는 사회체계에서 무엇이 필요하나 그것을 가지지 못하는 모든 상황을 말하지만, 욕구는 그러한 요구가 사회적 차원에서 인정된 경우로 한정한다(황성철, 2005).

사회복지 관점에서 욕구는 개인이나 집단이 인간의 생존과 성장 및 발전을 위해 필요하여 구하는 것이다. 욕구는 선호보다 객관적인 개념이며, 선호는 욕구에 비해 해결되어야 한다고 또는 해결될 수 있다고 생각하는 기대감이 약한 것으로 욕구보다 주관적인 개념이다. 그리고 수요는 표출된 욕구로서 돈 혹은 자원에 의해 이루어지는 것으로 시장에서 나타나기 때문에 따로 조사할 필요는 없다(우수명, 2004).

욕구는 탄력적이고 상대적이기 때문에 정적이고 절대적으로 이해해서는 안 된다. 욕구의 정도는 시점에 따라 달라질 수 있으며, 똑같은 상황에 처하더라도 개인 간 욕구의 크기는 상대적으로 차이가 난다. 욕구는 생활수준, 사회정치적 환경, 자원과 기술의 가용성에 의해 영향을 받는다. 그리고 욕구의 개념은 문제와 연결시켜서 설명해야 한다(이민홍 · 정병오, 2012).

2. 욕구의 유형

1) 매슬로우의 욕구유형

매슬로우(Maslow, 1954)에 의하면 인간은 인생의 전 과정 동안 목표를 추구하고, 그 목표를 달성하기 위해 인간 내부에서 끊임없는 충동이 일어나며, 이것이 동기가 되어 일정한 형태의 행동이 일어나게 된다고 한다. 이런 충동의 근원인 욕구는 다섯 단계의 욕구위계를 형성한다. 매슬로우(1954)의 이론에 따라서 자식들로부터 학대받는 노인들에 관한 프로그램을 기획하는 경우에 가정 먼저 쉼터와 음식 등 생존과 관련된 욕구를 충족시키고, 안전한 주택 및 법률서비스 등의 안전욕구를 충족시키고, 그 다음에 정서나 자존감 회복 등의 상위 욕구를 충족시키는 방향으로 프로그램을 기획하게 될 것이다. 이러한 다섯 단계의 욕구위계는 다음과 같다.

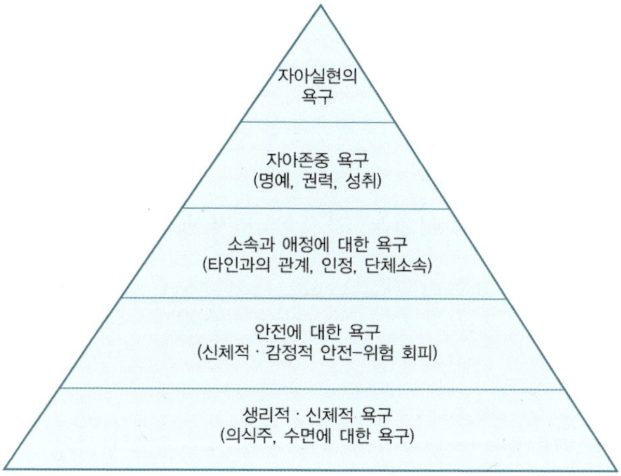

| 그림 5-1 | 매슬로우의 인간욕구 위계도

출처 : 조운희(2002), p. 109.

(1) 생리적 · 신체적 욕구

먹고 싶은 욕구, 따뜻하게 하려는 욕구, 고통받고 싶지 않은 욕구, 그리고 성적인 욕구 등을 말한다. 이러한 욕구는 생물체로 생존하기 위하여 필수적으로 충족되어야 하는 가장 기본적인 것이며, 이 욕구가 충족되고 나면 다음 단계의 욕구가 발생한다.

(2) 안전에 대한 욕구

이미 충족된 생리적 욕구를 박탈당하지 않으려는 욕구를 말한다. 이것은 신체적인 안정 상태의 유지와 관련된 욕구이며, 환경의 위험으로부터 예상할 수 없고 조정할 수 없는 위험으로부터 보호받으려는 욕구이다.

(3) 소속과 애정에 대한 욕구

생리적 욕구와 안전의 욕구가 충족되고 나면, 다른 사람과 친밀하고 정서적인 만족을 얻을 수 있는 관계를 갖기를 원한다. 다른 사람에게 인정받고 싶고, 사랑을 주고 싶고, 또한 받고 싶어 한다. 그리하여 일차적으로 가족과 같은 집단을 형성하고 집단의 규범에 속하고 싶어 한다.

(4) 자아존중 욕구

자기존중에 대한 욕구이며, 자신과 다른 사람으로부터 존중받으려는 욕구이다. 인간은 힘과 경험, 자격, 능력, 독립, 자율성, 지위, 인정 그리고 우월성 등을 인정받기를 원한다. 이러한 욕구가 충족되지 못하면 열등감을 갖게 되고, 나약해지고, 의기소침하게 된다. 자아존중의 욕구가 충족되면 자신감이 생기고 힘이 커지고 능력이 생겨난다. 자아존중은 다른 사람으로부터 받는 존경에 의해서 생겨난다.

(5) 자아실현의 욕구

일반적으로 이 욕구는 앞의 네 가지 욕구가 어느 정도 충족된 후에 일어난다. 자아실현은 인간의 잠재적인 것과 이상적인 것의 실현이라고 할 수 있으며, 인간능력의 충족이다. 이것은 탐구, 표현 및 창의 등의 욕구이며 이러한 욕구충족으로 자아를 실현하려는 것이다.

2) 브래드쇼의 욕구유형

브래드쇼(Bradshow, 1977)는 욕구를 규범적 욕구, 인지적 욕구, 표출적 욕구, 상대적 욕구의 네 가지로 구분하였다. 먼저 규범적 욕구는 전문가들이 연구한 빈곤 수준과 현황, 실태, 정책이나 서비스 등의 필요성을 문제 및 욕구조사의 초기에 간략하게 기술한다. 인지적 욕구는 클라이언트의 욕구에 대한 기술 시 클라이언트 대상의 다양한 양적·질적 설문 내용 결과들을 인용하면 더욱 설득력을 가진다. 표출적 욕구와 상대적 욕구는 지역사회의 현황 등에서 부족한 서비스의 수, 타 지역과의 비교, 관련된 내용들을 제시하기에 용이하다. 이를 자세히 살펴보면 다음과 같다.

(1) 규범적 욕구 : 전문가에 의한 규정

규범적이라는 용어는 기준 또는 규범이 존재함을 의미한다. 여기에 욕구라는 개념을 더하여, 우리는 상황이나 환경이 양적·질적으로 측정되는 것임에 반하여 관습이나 권위 또는 일반적 합의에 의해 확립된 표준 또는 기준이 존재한다는 것을 가정한다. 그러므로 규범적 욕구는 전문가로부터 제시되는 것이다. 그러나 이 접근의 한계는 욕구가 시대와 기술, 가치 변화에 민감하게 변화함에도 불구하고 이러한 상황을 즉각적으로 반영하기는 어렵다는 데에 있다.

(2) 인지적 욕구 : 클라이언트로부터의 정보

인지적 욕구는 프로그램의 주 대상자인 클라이언트가 자신들의 욕구로 생각하는 것 또는 욕구로 되어야 한다고 느끼는 것으로 정의된다. 문제를 경험하는 당사자인 클라이언트에게서 얻는 정보이기 때문에 가장 정확하고, 클라이언트의 욕구를 가장 대표하는 욕구라 할 수 있다. 그러나 인지적 욕구를 조사하는 과정은 쉽지 않다. 클라이언트에 대한 직접설문이나 이메일, 전화상의 설문을 통해 자료를 수집한다. 그러나 클라이언트가 자신이 모르는 조사자에게 사적이고 개인적인 욕구를 정확하게 표현하지 않을 수 있다. 우편조사의 경우도 낮은 응답률과 표본의 대표성 등의 문제가 생길 수 있다.

(3) 표출적 욕구 : 기관의 서비스 이용과 대기자의 수요

표출적 욕구는 서비스에 대한 요구이다. 예를 들어, 서비스에 지원하거나 주어진 기간 내에 서비스를 받은 클라이언트로 파악할 수 있다. 그러나 서비스를 받아야 하는 대상자들이 자격조건을 갖추지 못해서 받지 못하는 경우나 서비스에 대한 정보조차 모르는 경우는 표출적 욕구에 반영되지 않는다. 그러므로 표출적 욕구는 항상 지역주민의 진정한 욕구 수준보다 낮게 평가한다.

(4) 상대적 욕구 : 타 지역의 서비스 양과 수준의 비교

상대적 욕구는 충족되어야 할 기존의 기준이나 바람직한 수준의 서비스가 있다는 가정에서 출발하지 않는다. 상대적 욕구는 지역사회에 존재하는 서비스 수준과 유사한 지역사회나 지리적 영역에 존재하는 서비스 수준의 차이로 측정된다.

3) 알더퍼의 ERG 이론

알더퍼(Alderfer)는 매슬로우의 욕구위계 이론을 확장한 생존·관계·성장(ERG : Existence-Relatedness-Growth) 이론을 제안하였다. 그는 욕구를 크게 생존욕구, 관계욕구, 성장욕구 등의 세 영역으로 구분하였는데, 이에 대하여 차례대로 살펴보면 다음과 같다.

첫째, 생존욕구인데, 이는 인간이 생존을 위하여 필요로 하는 욕구로서 가장 기본적인 동기이다. 여기에는 모든 형태의 생리적 욕구와 의복, 주거 상황 등과 같은 물리적 측면에서의 안전의 욕구가 포함된다. 둘째, 관계욕구인데, 이는 인간이 사회적 존재로서 타인과 인간관계를 맺으려는 욕구를 말한다. 여기에는 매슬로우의 이론이 내포하고 있는 대인관계에서의 안전의 욕구, 애정 및 소속의 욕구 그리고 자존의 욕구 등이 포함된다. 셋째, 성장욕구인데, 이는 성장하고 발전하며 자신의 잠재력을 최대한 발휘하고자 하는 욕구이다. 즉, 자신에게 있어 가장 중요한 개인적 특성이나 잠재능력을 발전시키기 위해서 환경과 상호작용을 하고자 하는 욕구이다. 여기에는 매슬로우의 이론이 내포하고 있는 자존의 욕구 일부와 자아실현의 욕구, 인지적 욕구, 심미적 욕구 등이 포함된다.

알더퍼에 의하면 인간은 이러한 욕구를 계층화할 수 있다. 알더퍼의 ERG 이론은 인간의 욕구위계를 세 가지 층으로 구분한 것 외에도 다음과 같은 점에서 매슬로우의 이론과 다르다. 첫째, 매슬로우의 이론이 만족-진행 과정, 즉 하위위계의 욕구가 만족되어야 다음 단계의 욕구가 추구된다고 가정한 데 반해, 알더퍼의 이론은 좌절-후회 과정, 즉 성장욕구의 충족을 추구하는 과정에서 이것이 좌절되면 하위의 관계욕구의 중요성이 더해짐으로써 이 하위욕구가 중요한 동기로 작용한다는 것이다. 이렇게 볼 때 알더퍼의 이론은 매슬로우의 이론보다 더 현대적인 이론이라고 할 수 있다. 둘째, 매슬로우의 이론에서는 충족된 욕구는 더 이상 동기요인이 될 수 없다고 가정하였으나, 알더퍼의 이론에서는 상위욕구의 계속적인 좌절은 낮은 수준의 욕구로 귀환하도록 한다고 주장하였다. 즉, 상위욕구를 충족시킬 수 없을 때는 하위욕구를 더 집중적으로 충족시키게 된다는 것이다.

4) 맥클레랜드의 성취동기이론

맥클레랜드(McClelland, 1961)는 성취동기이론을 체계화하였는데, 그에 의하면 개인의 성격은 그의 행위를 동기 부여시키는 잠재력으로서, 성취욕구, 권력욕구, 친화욕구로 구성되어 있다.

첫째, 성취욕구인데, 이 욕구가 강한 사람은 성공에 대한 강한 희망을 가지고 있으며, 도전하기를 원한다. 또 실패에 대해서도 비슷한 정도의 두려움을 느낀다. 그리고 직무에 대하여 책임지기를 좋아하고, 수행하는 일에 대하여 즉각적인 피드백을 받기를 좋아한다. 둘째, 권력욕구인데, 이 욕구가 강한 사람은 다른 사람들에게 영향력과 통제를 행사하는 데 큰 관심을 가지고 있다. 이러한 사람들은 리더로서의 일을 찾고, 강압적이고 자기본위적인 경향이 강하다. 셋째, 친화욕구인데, 이 욕구가 강한 사람은 무엇보다도 다른 사람과 친근한 관계를 가지려고 하며, 집단으로부터 소외되는 것을 피하고자 하는 경향이 강하다.

이러한 세 가지 욕구들은 매슬로우의 이론과 비교해 보면, 맥클레랜드의 성취욕구와 권력욕구는 매슬로우의 자존의 욕구 및 자아실현의 욕구와 일맥상통하며, 친화욕구는 매슬로우의 애정 및 소속 욕구와 유사하다고 할 수 있으나, 욕구에 대한 개념은 다르다. 즉, 맥클레랜드는 인간의 욕구가 학습된 것이며, 행동에 영향을 미칠 수 있는 잠재력을 지닌 욕구위계는 개인에 따라 차이가 있다고 주장하고 있으나, 매슬로우는 누구나 공통적인 욕구위계에 따라 욕구충족이 이루어진다고 주장하였다.

3. 욕구조사의 필요성

욕구조사의 필요성은 다음과 같다(채구묵, 2001).

첫째, 욕구조사는 클라이언트의 욕구에 맞는 프로그램을 개발하는 데 도움을 줌으로써 사회복지서비스 조직이 그 존립의 정신에 부합되는 일을 할 수 있도록 해준다.

둘째, 욕구조사는 사회복지서비스 조직의 효율적·전문적 영역에 도움을 준다.

셋째, 욕구조사는 서비스 또는 프로그램을 지역주민의 욕구변화에 따라 탄력성 있게 변화시켜 줄 수 있다.

넷째, 욕구조사는 서비스를 제공하는 지역사회 내의 다른 조직들과의 협력 사항을 파악하는 데 도움을 준다.

다섯째, 욕구조사는 지역사회 주민들에게 문제를 부각시키고, 프로그램 추진의 필요성을 인식시킴으로써 지역주민의 자원을 획득하고 나아가 이를 위한 입법추진에 대해 압력을 가할 수 있는 증거가 된다.

여섯째, 욕구조사는 사회복지서비스 조직들이 사회로부터 그 존속의 정당성을 인정받고 지원받을 수 있는 근본적인 근거가 된다.

클라이언트의 욕구가 무엇인지 명확히 알고, 클라이언트의 생각을 안다면 이에 대한 적절한 개입방법의 개발은 어렵지 않을 것이며, 이는 곧 클라이언트의 욕구의 해결과 삶의 질 향상으로 이어져 궁극적으로 사회복지 프로그램의 책임성을 달성하는 데 도움이 될 것이다(정무성, 2005).

4. 욕구사정의 내용

욕구사정에 포함되어야 할 내용은 크게 기초자료(조사내용, 사용목적), 기존 서비스에 대한 평가 및 새로운 서비스 개발에 필요한 자료, 그리고 지역사회 활용 자원에 관한 자료 등이다. 이를 제시하면 다음의 표와 같다(김성이·채구묵, 1997).

구 분	조사항목	조사내용	용 도
① 기초자료	지역사회의 일반적 특성	연령 분포, 가족 수, 가구주의 연령, 거주기관, 직업구성, 소득수준, 빈곤 인구율, 주택보급률, 범죄율, 공적부조 수혜자 수, 결혼 상태 분포	• 대상 지역 특성에 대한 개략적 정보 제공 • 자료 분석 시 통제변수로 활용 • 잠재적 수혜자가 많은 지역의 특성에 대한 정보 제공 • 하위지역의 인구학적 · 구조적 특성에 대한 정보 제공
② 기존 서비스에 대한 평가 및 새로운 서비스 개발에 필요한 자료	삶의 영역에 관한 현재 상태	• 경제 : 소득수준, 소비형태, 신용상태, 자금관리 • 고용 : 직업종류, 직업경력, 직업교육의 필요성, 실업 상태 • 가정 : 부모−자녀 관계, 아동의 적응성 문제, 아동들의 학교적응, 학교중퇴율, 학교성적 • 주거 : 밀집도, 주택 상태, 인구과잉상태 • 건강 : 만성적 신체장애, 사망원인, 질병발생률, 건강을 이유로 한 장기결근 • 가정관리 : 살림에 따른 문제, 영양, 주택 관리, 아동 양육 및 보호 • 여가 : 여가활용, 운동, 문화적 활동 • 생활만족도 : 지역사회 결속력, 자아평가 정도 • 사법 : 성인범죄율, 청소년 비행률, 범죄에 대한 공포, 사법기관과의 관계	• 여러 가지 생활영역에서의 현재 상태 파악 • 욕구충족(바람직한 상태−현재 상태)을 위한 기준으로 사용 • 새로운 서비스 개발 및 기존 서비스 보완을 위한 기초 자료로 활용 • 사전 · 사후조사를 통해 개선된 상태로 관한 정보 파악 자료로 활용
	기존 서비스에 대한 평가	• 서비스 인지 정도 • 서비스 활용 정도 • 서비스 인지 및 활용에 대한 장애요소 존재 여부(예 교통수단 등) • 직원에 대한 부정적 태도 여부 • 서비스 이용으로 인한 오명을 받게 될 두려움 • 과중한 비용부담 • 까다로운 자격조건	• 기존 서비스의 문제점 파악 • 기존 서비스의 보완에 필요한 정보 제공(예 지원적인 서비스 개발, 서비스 제공에 대한 재훈련, 프로그램 지지 교육의 필요성 제시 등)

	새로운 서비스 개발	• 대상지역의 심각한 문제 • 현재 필요한 서비스 • 장기적으로(예 5년 이내) 필요한 서비스 • 하위집단, 즉 아동, 청소년, 노인, 장애인, 여성 등을 위한 서비스	• 욕구식별 및 욕구들의 상대적 중요성 파악 • 새로운 서비스 개발을 위한 정보를 수혜자의 입장에서 파악 • 하위집단을 위한 서비스 개발에 필요한 정보 파악
③ 지역사회의 활용 자원에 관한 자료	지역사회 정보체계	• 공식적 · 비공식적 의사소통매체 • 표적집단에 가장 정보를 잘 제공해 줄 수 있는 의사소통매체 또는 조직	• 수혜자들에게 서비스의 존재 및 서비스 내용을 더 잘 파악하도록 하는 능률적인 의사소통 채널 개발에 필요한 정보 확보
	서비스 자원 조사	• 동원될 수 있는 공 · 사적 기금 • 직원들의 전문성을 제고시키는 데 필요한 인적 · 물적 자원 • 새로운 프로그램을 실행할 수 있는 시설물	• 프로그램의 실행에 필요한 가용자원 파악
	정치적 자원	• 다양한 프로그램에 대한 주민의 찬반 의견 • 정치지도자와 사회지도자 지지도	• 계획을 성공적으로 추진하기 위한 정보 파악

출처 : 김성이 · 채구묵(1997), pp. 34-37.

5. 욕구조사의 방법

욕구조사의 방법에는 표준화된 정보를 이용하여 지역사회 주민들이 가지고 있는 욕구를 사정하는 데 사용하는 양적 조사 방법인 구조화된 조사, 선행연구 검토, 사회지표분석, 시계열분석 등과 개개인들로부터 정보를 얻기 위해 사용되는 인터뷰, 지역포럼기법, 초점집단기법, 델파이 기법 등의 질적 조사 방법이 있다(지은구, 2005).

1) 양적 조사 방법

(1) 구조화된 조사

구조화된 조사방법은 인지적 욕구를 파악하기 위한 방법으로 클라이언트의 욕구를 가장 많이 대변한다. 단지 이 접근방법은 시간과 노력, 비용이 많이 들고 대상자 선정에도 유의해야 하며, 욕구조사 설문 문항을 구성하는 것도 신중을 기해야 한다. 특정 대상자의 욕구를 파악하기 위한 조사는 연령이나 클라이언트의 문제나 상황을 바탕으로 일반지역 주민과는 다르게 구성해야 하며, 반드시 사전조사를 통해 질문의 난이도 등을 검토하는 것이 필요하다.

(2) 선행연구 검토

욕구조사에서 선행연구를 제대로 찾아서 활용할 수 있는 능력은 프로그램 개발에서 매우 중요한 작업이다. 학위논문과 학술지의 논문은 대상자와 그들이 안고 있는 문제에 대해 양적・질적 연구결과들을 제시하고 있다. 따라서 선행연구 검토는 굳이 프로그램 개발자가 직접 대상자를 중심으로 설문조사를 하지 않아도, 어느 정도 현황과 실태 파악을 할 수 있게 해준다. 단지 대상이나 지역, 기간 등이 세밀하게 고려되지 않았기 때문에 현황과 실태를 프로그램에 적용하는 데 어려움이 따르기도 하지만, 좋은 프로그램 개발을 위해 선행연구 검토는 필수적이다.

(3) 사회지표분석

사회지표(social indicator)조사는 정부기관이나 민간단체의 사회서비스 분야의 조직에 의해 집계된 자료에 의존하는 조사를 의미한다(Royce & Thyer, 1996). 사회지표조사에서 많이 사용되는 조사로는 인구조사가 대표적이며, 이 조사는 나이, 성별, 인종, 주택의 형태와 질, 성인들의 직업과 소득 등의 자료가 포함되고 있어 인구밀도나 빈곤과 관련된 특정 욕구를 확인할 수 있다. 이 외에도 중앙정부나 시・군・구의 자치정부들은 범죄율, 안전, 실업률, 건강 등의 자료를 가지고 있으며, 대부분의 자료는 공개되고 있다. 따라서 원하는 자료를 인터넷이나 보고서를 통해서 지역사회나 클라이언트의 욕구를 분석하기 위해 쉽게 활용할 수 있다.

(4) 시계열분석

시계열분석(time series analysis)은 미래의 경향을 예측하기에 용이한 기법이다. 이 분석은 인구의 변화, 프로그램 참가자의 변화, 문제의 범위 등을 조사하기 위해 그래프 위에 사회지표들이나 인구 관련 자료들을 가지고 점을 이용해 곡선을 그리는 것을 말한다. 주로 사회정책에서 프로그램이나 사회변화가 문제에 어떠한 영향을 미쳤는지를 조사하기 위해서 사용된다. 시계열분석을 하기 위해서는 자료가 그래프 위에 주기적인 시간을 나타내면서 점을 표시해야 하기 때문에 자료가 일 년 단위 또는 한 달 단위 등으로 주기적으로 취합되어야 한다. 문제를 겪고 있는 사회 구성원과 지역주민들의 숫자나 인구에 관한 정보 등은 수직축에 그리고, 시간·기간은 수평축을 따라 그려진다(Hardina, 2002).

2) 질적 조사 방법

(1) 인터뷰

최근 사회복지 실천현장에서 많이 쓰이는 포커스 그룹 인터뷰(focus group interview)는 관심, 이슈, 서비스 및 아이디어에 대해 6~8명의 소규모 집단을 인터뷰하는 기법이다. 이 기법은 관심주제에 대한 관점을 심층적으로 파악하는 것을 목적으로 하며, 다른 참여자들의 관점을 들을 수 있고, 구성원들과 그룹리더 간에, 그리고 구성원들 상호 간에 쌍방향 상호작용이 이루어진다. 욕구조사에 있어 포커스 그룹 인터뷰를 사용하는 목적은 특정 분야 사람들의 잠재적 욕구나 관심, 문제나 욕구가 존재하는 이유, 특정한 해결전략에 대해 사람들이 어떻게 반응하는지, 일반적인 생각이 무엇인지, 기관이나 프로그램에 대한 태도나 그들의 주제를 조사해 나가는 방식 등을 이해하는 것이다.

포커스 그룹 인터뷰에서 사용되는 질문 형태는 Yes/ No 형태의 폐쇄형 질문보다는 개방형(open-ended) 질문이 좋으며, why 질문보다는 what 또는 how 질문이 좋다. 또한 참여자가 사용하는 단어를 사용하여 명확하고 짧은 형태의 질문이 참여자로 하여금 쉽게 이야기할 수 있도록 유도할 수 있다.

(2) 지역포럼기법

지역포럼기법은 이해당사자로서 한 지역사회 구성원들이 함께 모여 지역사회 문제나 이슈, 가치 등에 대해 자신들의 의견을 공개적인 토론을 거쳐 수집하는 방법이다. 포럼의 목적은 욕구조사에서 포함된 목적이나 바람직한 표적상태나 제안된 욕구조사의 절차나 과정을 리뷰하여 대중의 지지를 얻거나 욕구조사의 결과에서 우선권을 선점하고자 하는 것이다. 포럼의 리더는 조직과 관심 영역에 대한 지식이 있어야 하고 그것이 어떻게 작동하는지에 대해 이해하고 있어야 한다. 또한 리더는 그룹이 적극적으로 참여할 수 있도록 유도하고 심도 있게 논의해야 할 시점을 알아차릴 수 있어야 한다.

(3) 초점집단기법

초점집단기법(focus group technique)은 지역이나 클라이언트들이 안고 있는 문제나 욕구를 파악하기 위해 사용하는 질적 조사 방법이다. 이 방법은 문제를 가진 클라이언트 집단의 역동성을 최대한 활용하여, 보다 깊이 있는 질적 자료를 수집하고 분석하여 클라이언트의 욕구를 심층적으로 규명할 수 있다. 먼저 사회복지사는 지역의 문제나 관심, 욕구를 잘 나타낼 수 있는 대표들을 선출하여 초점집단을 형성하여 인터뷰를 실시한다. 인터뷰는 편안한 분위기에서 개별적으로 진행하며, 질문은 열린 형태로 구성하고 각각의 질문에 대답하기 위한 시간을 충분히 참석자들에게 주며, 참석자들의 동의를 얻어 응답을 녹음하는 것이 좋다.

이 기법의 절차는 문제 확인 및 주제선정, 표본 틀의 선정, 집단 및 회기 수 결정, 토의지침서 개발, 진행자 또는 사회자와 보조원의 훈련과 역할규정, 예비조사 실시, 초점집단 참여자 선정, 집단활동의 시행, 자료의 분석과 해석, 보고서 작성 순으로 진행된다(황성철, 2005).

(4) 델파이 기법

델파이 기법(delphi technique)은 미래를 예측하기 위해 개발된 기법으로 해당 분야 전문가들을 패널로 선정하여 반복적 서베이를 실시하는 과정으로 이루어진다. 반복조사 과정에서 조사자는 응답자가 전체 패널의 의견이나 어떤 항목에 대해 동의하는지의 여부, 또한 동의하지 않는다면 그 이유가 무엇인지를 규명하고 이러한 정보를 다음 질문지에 넣어 조사한다. 응답자들은 긴 시간 고민하고 검토하여 조사에 임하기 때문에 이 기법은 여론을 판단하기 위해서뿐만 아니라 합의를 만들어 가기 위한 목적으로도 사용된다.

이 기법은 익명성이 보장되므로 자유롭게 의견을 표현할 수 있고 반복과 통제된 피드백을 통해서 응답자의 반응이 비교적 정확하고 객관적인 정보로 수렴된다는 장점이 있다.

chapter

06 목적과 목표 설정 과정

목적은 프로그램을 실행하여 달성하고자 하는 포괄적인 형태의 성취수준에 관한 추상적인 기술로서 보다 실현 가능하고 결과중심적인 하위의 세부목표들에 대한 상위 개념을 의미한다. 반면 목표는 목적을 달성하기 위한 구체적인 개념으로 실현 가능하며 측정 가능하여야 한다(김학주, 2004). 본 장에서는 프로그램 개발을 위한 목적과 목표의 개념, 유형 및 설정 및 기술에 대하여 살펴본다(김상곤 외, 2012; 김영종, 2013; 양정하 외, 2011; 이민홍·정병오, 2012; 정무성, 2005).

1. 목적과 목표

1) 목적과 목표의 개념

목적은 보통 장기적, 추상적으로 추구하는 바를 나타내며, 프로그램이 추구하는 특정한 가치나 상태, 결과 및 방향 등을 목적으로 제시한다. '지역사회의 노인복지 증진', '노인 인구의 여가 선용 기회 확대' 등과 같이 다양한 수준에서의 목적 설정이 가능하다. 반면 목표는 프로그램의 목적을 달성하는 데 필요한 세분화된 추구 방향이나 상태를 나타내며, 목적이 추상적이라면, 목표는 경험적인 차원으로 나타낸다. 경험적이란 구체적이면서 관찰과 측정이 가능한 상태를 뜻한다. 일정 기간 동안 프로그램이 성취하려는 구체적 변화의 양상을 흔히 목표라고 표현한다. 예를 들어, '지역사회의 노인복지 증진'을 목적으로 하는 프로그램은 목표들 중 하나를 '2020년까지 ○○지역에 5개소의 거점 노인복지센터를 설치한다'로 할 수 있다(김영종, 2013).

프로그램의 목적과 목표는 일련의 활동들을 투입한 결과로서, 클라이언트들이 얻게 되는 인지적 · 정의적 · 심리운동적(기능적) 영역에 있어서의 행동 특성의 변화로 표현된다. 이러한 목적과 목표의 본질적인 기능을 네 가지로 살펴보면 다음과 같다(김영숙 외, 2004).

첫째, 목적과 목표는 그 달성을 위해서 기획되어야 할 프로그램의 내용 선정, 조직을 명확하게 보여주는 기능을 한다. 그러므로 목적과 목표는 프로그램 내용의 구체적인 것을 요구한다.

둘째, 목적과 목표는 프로그램의 실행방법을 규정해 주는 기능을 한다. 그러므로 목적과 목표에 의해 실행방법이 구체화되며, 프로그램 활동이 지향할 방향이 명료해진다.

셋째, 목적과 목표는 클라이언트의 활동을 촉진 내지 활성화시키는 기능을 한다. 모든 활동이 그러하듯이, 조직적이고 계획적인 체계를 가질 때 비로소 그 활동의 방향, 내용 및 방법을 찾게 되는 것이며, 따라서 그 활동에 대한 능률성을 기대할 수 있다.

넷째, 목적과 목표는 프로그램 평가의 방향, 내용 및 결과해석의 기준을 결정하는 기능을 한다. 프로그램 평가에서는 일차적으로 그 목적과 목표의 달성도를 판정하는 데 관심을 갖기 때문에, 프로그램의 목적과 목표는 그 평가의 방향과 내용 및 결과해석의 기준이 되는 역할을 한다.

2. 목적의 설정 및 기술

프로그램의 목적은 기관의 소명이나 헌신과 일치해야 한다. 아무리 좋은 프로그램 목적이라 할지라도 기관이 추구하는 소명이나 헌신과 일치하지 않는다면 실효성을 상실한다. 예를 들어, 종교적 배경을 가진 기관에서 종교적 가치를 지나치게 벗어나는 프로그램을 실행하는 것은 쉽지 않다. 목적의 경우 세부적인 활동을 구체적으로 언급할 필요는 없다. 목적은 프로그램이 추구하는 방향, 달성하고자 하는 가치 등을 표현하는 것이다. 그러므로 목적은 다소 이념적이고, 추성적인 언어로 기술된다(김상곤 외, 2012).

1) 목적 설정의 단계

프로그램의 목적을 설정하는 것은 프로그램의 정책을 결정하는 것과 같다. 프로그램이 추구할 방향을 결정짓기 때문이다. 프로그램의 정책적 방향을 나타내는 이러한 목적은 다음 단계를 거쳐 설정된다(Young, 1966, 김영종, 2013 재인용).

1단계 : 프로그램의 관심 영역과 경계 설정
2단계 : 목적 선택 시 고려되어야 할 범위의 설정
3단계 : 목적들 간의 관계 설정
4단계 : 최적의 프로그램 목적 조합을 선택
5단계 : 목적(들)에 대한 기술

1단계에서는 사회복지의 이념이나 지향에 바탕을 둔 관심의 경계를 설정하고, 그 안에서 가능한 목적(하위 목적 포함)들을 구체적으로 규정한다. 사회복지 프로그램의 기획에서는 적어도 '경영구조의 개선'이나 '경제 활성화' 등이 포함되는 경계는 긋지 않을 것이다.

2단계에서는 명백히 받아들일 수 없는 대안 목적들을 일차적으로 배제한다. 예를 들어, '독거노인의 경제사회적 위기 완화'라는 목적은 '사회적 지지 안전망 제공', '고령자 취업 확대' 등의 하위 목적 범위 내에서 고려된다. '결혼 장려'와 같은 하위 목적은 이념적 혹은 현실적으로 받아들여지지 않는 경우에, 목적 선택의 범위에서 배제된다.

3단계에서는 선택 가능성이 있는 목적들을 대상으로 그들 간의 관계 구조를 검토해 본다. 어떤 목적들은 서로 목적과 수단의 관계를 보일 수도 있고, 상호 배타적 혹은 의존적 관계 등의 형태로 다양하게 나타난다. 프로그램 기획에서 가장 바람직한 조합의 목적을 선택하기 위해서는, 먼저 이러한 관계들을 검토해 보아야 한다.

4단계에서는 어떤 목적(들)을 선택하는 것이 가장 좋을지를 판단한다. 이 단계에서의 주요 과업은 의사결정의 권한이 '누구'에게 '어떤 방법'으로 주어질지를 판단하는 것이다. 집단을 통해서 결정할 것인지, 행정공무원이나 전문가 집단이 할 것인지, 아니면 일반시민이나 지역사회 주민 혹은 클라이언트에게 맡길 것인지 등의 고려가 필요하다.

5단계의 과업을 수행하기 위해서는 '목적을 기술하는 문구나 문장이 프로그램이 추구하는 상대적인 가치를 드러내는 지침이 되도록 하는 것'이 매우 중요하다(York, 1982, 김영종, 2013 재인용).

2) 목적 기술의 방법

대부분의 프로그램들은 실천현장의 서비스를 의도하므로 목적 기술들을 보다 구체적으로 작성해야 한다. 프로그램의 목적 기술에서 공통적으로 고려해야 할 점은 다음과 같다(Rapp & Poertner, 1992, 김영종, 2013 재인용).

(1) 문제 분석에서 도출

문제 분석에서 나타나는 인과론(원인과 결과의 관계 설명)과 결부시켜 프로그램이 추구해야 할 목적을 설정하는 것이 필요하다.

(2) 성과 지향적

목적은 '클라이언트에 대한 바람직한 변화가 무엇인지'를 위주로 나타내는 것이 좋다. 그것이 프로그램의 궁극적인 의도에 보다 더 가깝기 때문이다. 사회복지서비스 조직의 입장에서 성과 목적을 기술하는 것, 예를 들어 '기관이 무엇을 할지' 등은 가급적 피하는 것이 좋다.

(3) 현실적

프로그램의 목적은 재정적 · 기술적으로 뒷받침될 수 있고, 윤리적 · 법적으로도 저촉되지 않는 것이어야 한다. 이는 목적 설정의 앞 단계들에서 중요하게 고려되어야 하지만, 목적 기술의 과정에서도 유념해서 확인한다.

(4) 명료성

목적은 프로그램이 사회적으로 존속하는 정당성을 나타내는 것이다. 따라서 많은 사람들에게 쉽게 이해될 수 있도록 전문적인 용어나 어려운 수식어 등을 가급적 피해야 한다.

(5) 클라이언트 인구에 대한 언급

프로그램의 목적은 '누구에게 어떤 변화를 의도하는지'를 제시하므로, '누구'라는 대상이 필히 기술되어야 한다.

(6) 경험적 추정을 예비

비록 목적 자체는 추상적이지만, 추후에 목적 달성의 과정과 결과가 관찰되고 측정될 수 있도록 해야 한다. 경험적 검증의 가능성이 아예 없는 목적을 설정하거나 기술하는 것은 옳지 않다.

(7) 긍정적 방식으로 기술

목적을 기술할 때는 부정적 방식을 가급적 피한다. 예를 들어, '무엇을 줄일 것인지'보다는 '무엇이 증가될 것인지'로 기술하는 것이 좋다. '노인의 고독감이 줄어든다'와 '노인의 삶의 질이 증가한다'는 동일한 목적의 양면일 수 있다. 이 경우에는 '줄이는 것'은 과정이고 그 결과로서 '늘어나는 것'이 있으므로, 프로그램의 목적을 긍정적인 변화 측면으로 기술하여야 한다.

3. 목표의 설정 및 기술

1) 목표설정의 이슈

문제분석과 욕구사정을 통해 프로그램의 목적이 설정된다. 목적은 프로그램이 구체적으로 무엇을 성취할지를 제시하는 것이다. 프로그램의 목적이 결정되고 나면, 목적달성을 위한 세부 과제인 목표들이 설정된다. 목표 설정은 개입방법의 선택과 연결되어 있다(김영종, 2013).

목표의 개념과 유형에 대해 살펴보기 전에 목표설정과 관련하여 과거부터 진행된 몇 가지 이슈에 대해 설명하고자 한다. 여기서 목표라는 용어는 통상적으로 목적과 목표를 포괄하는 광의의 목표를 의미하는 것으로 설명한다. 최일섭과 이창호(1993)는 목표와 책임성, 목표의 구체성과 현실성, 목표설정의 제 변수, 목표설정의 정치성, 목표설정의 동태성 등의 다섯 가지 이슈를 제시하였다. 구체적으로 살펴보면 다음과 같다(이민홍 · 정병오, 2012).

(1) 목표와 책임성

프로그램을 클라이언트에게 제공하기 위해서는 인적 자원과 물적 자원이 요구되므로 많은 예산이 필요하다. 프로그램에 공공 및 민간 영역의 예산이 투입되면서 프로그램의 효과성이 어느 정도인지 책임성을 묻는 것이 점차 보편화되고 있다. 이 과정에서 프로그램의 효과성은 결국 프로그램의 목표 달성 정도로 결정된다. 과거에는 목표설정이 불투명하거나 사회적 가치만을 주장하였지만, 현재는 달성 가능한 목표를 제시하는 경향으로 변화하고 있다.

(2) 목표의 구체성과 현실성

책임성의 이슈가 사회복지 영역에서 가장 중요하게 자리매김한 이후로 사회복지서비스 조직들에 대한 평가가 정기적으로 수행되고 있다. 사회복지서비스 조직의 평가는 주로 제공되는 프로그램들을 중심으로 이루어지고 있다. 프로그램 평가는 프로그램 목표가 구체적이고 또한 현실적으로 설정되어야 가능하다. 결국 프로그램의 목표는 구체적이고 측정 가능할 수 있도록 설정해야 한다.

(3) 목표설정의 제 변수

프로그램에서 목표는 어떻게 설정되는가가 가장 큰 이슈이다. 목표설정은 특정 몇 가지 변수에 영향을 받고 있다. 첫째, 무엇보다 확인된 문제의 정의와 인과관계에 대한 설명이다. 목표는 사회문제가 무엇이며, 원인이 무엇이냐에 따라 달라진다. 둘째로 문제에 대한 개입의 수준이다. 문제를 해결하기 위해 개인, 가족, 집단 및 지역사회 등 개입하는 체계 수준에 따라 목표가 설정된다. 셋째는 기관의 정책과 동원할 수 있는 자원의 정도이다. 기관의 정책은 프로그램의 한계와 지침을 제시하며, 동원할 수 있는 자원의 목표와 범위를 설정하게 한다.

(4) 목표설정의 정치성

목표설정에 정치성이 영향을 미치게 된다. 문제의 원인에 대한 인과관계 접근방식은 목표설정에 참여하는 이해집단 간의 인식 차이가 발생할 수 있다. 사회복지사의 경우에는 클라이언트에게 발생하는 문제의 원인을 사회적 지지체계의 부족으로 보기 때문에 주로 목표는 사회적 지지체계를 연결하거나 조정하는 데 초점을 둔다. 반면 공무원, 입법가, 전문가, 지역사회 주민 등은 특정 클라이언트 집단이 보이는 문제가 해당 당사자가 개인적으로 게으르거나 잘못된 신념을 가지고 있기 때문에 발생한다고 인식할 수 있다. 이러한 시각에서는 개인의 잘못된 신념을 개선할 수 있는 교육이나 치료에 관심을 가진다. 이로 인해 목표갈등, 목표전치, 목표위계화 및 우선순위 혼란 등이 발생한다.

(5) 목표설정의 동태성

목표는 한번 정해지고 나면 언제나 같은 형태와 같은 우선순위를 갖는 정태적 특성이라기보다는 시간변화에 맞추어 동태적으로 설정해야 한다(성규탁,

1990). 목표가 시간 및 상황에 따라 변화하는 것을 목표의 전환이라고 말한다. 프로그램을 실행하는 과정에서 형성평가를 수행하게 되는데, 클라이언트의 욕구가 변화할 수도 있으며, 새로운 욕구가 발생할 수 있기 때문에 이를 반영하여 새로운 목표를 설정하기도 하고, 기획단계에서 제시한 목표를 변경하기도 한다.

2) 목표설정의 기준

프로그램의 목적, 목표 및 하위목표를 설정하는 기준에 대해서는 학자마다 다양한 견해를 가지고 있다. 국내에서 프로그램 개발과 평가와 관련하여 대표적인 학자라고 할 수 있는 황성철(2005), 정무성(2005)이 제시한 목표설정 기준을 활용하여 다음과 같이 다섯 가지로 압축하여 설명하고자 한다(이민홍·정병오, 2012 재인용).

첫째, 목표는 사회문제의 분석과 욕구조사와 관련성을 가져야 한다. 목표기술은 사회문제의 분석과 욕구조사를 기반으로 하여 작성해야 한다. 특히 클라이언트가 문제나 욕구를 갖게 하는 원인에 대한 분석과 변화를 통해 결과의 변화를 추구하는 방향으로 목표를 기술하는 것이 효과적이다.

둘째, 목표는 가능하면 클라이언트를 중심으로 설정해야 한다. 목표는 기관이나 사회복지사가 아닌 클라이언트를 위해서 작성되는 것이다. 즉, 프로그램은 궁극적으로 프로그램에 참여하는 클라이언트 집단의 문제 완화 및 해결이나 욕구충족을 통해 바람직한 방향으로 유도하기 위해 실시되므로 클라이언트의 변화 방향이 서술어가 되도록 기술해야 한다.

셋째, 기관의 설립이념, 프로그램의 목적, 목표, 하위목표 등은 논리적으로 연관성을 유지해야 한다. 기관의 설립이념은 프로그램의 목적과 논리적으로 연결되어야 하며, 프로그램은 목적을 논리적이고 구체적으로 세분화하여 목표를 설정해야 한다. 그 목표는 다시 동일한 방식으로 하위목표로 세분화되는 과정을 거쳐 작성하여야 한다. 역으로 하위목표들을 더하면 목표가 될 수 있어야 하며, 목표를 더하면 프로그램의 목적이 되도록 해야 한다. 프로그램들의 목적을 모두 종합하면 기관의 설립이념을 유추할 수 있어야 한다.

넷째, 목표는 클라이언트가 성취 가능해야 하며, 긍정적 방향으로 설정되어야 한다. 목표는 실제로 달성 가능해야만 목표가 될 수 있다. 전혀 현실성 없는 목표의 설정은 정당성을 떨어뜨리는 요인이 될 뿐만 아니라, 당위성만을 강조하여 결국 스스로의 위치를 축소시키는 결과를 초래한다. 또한 프로그램은 클라이언트를 바람직한 상태로 변화시킴을 목적으로 하기 때문에 목표 진술도 긍정적 방향성을 갖도록 기술해야 한다. 특히 가능하면 부정적 용어보다는 긍정적인 용어를 사용하는 것이 클라이언트의 동기유발과 프로그램의 효과성을 높일 수 있다.

다섯째, 목표는 분명하면서 측정 가능하게 설정하는 것이 바람직하다. 프로그램의 목표를 설정하는 가장 큰 이유는 프로그램의 효과성을 검증하기 위해서이다. 프로그램의 효과성 검증은 사회복지 영역에서 가장 이슈가 되는 사회적인 정당성 확보를 위해 중요하다. 따라서 가능하면 측정할 수 있는 목표를 설정하는 것이 바람직하다.

3) 목표 기술의 방법

프로그램의 목표를 어떻게 기술할지에 대해서는 다양한 지침들이 있다. 이 가운데 프로그램의 목표 작성에 공통적인 요구 사항은 다음과 같다(York, 1982; Rapp & Poertner, 1992, 김영종, 2013 재인용).

(1) 욕구와 목적에 연관

목표들은 프로그램 목적과의 위계구조에 적합해야 하지만, 실행구조와도 들어맞아야 한다. 예를 들어, '수익사업을 통해 ○○○만 원의 프로그램 비용 확보'라는 행정목표는 프로그램 목적과의 적합성만 보자면 훌륭한 대안이 될 수 있지만, 프로그램 수행 기관의 사명이 수익사업을 배제하고 있다면 소용없는 목표가 된다.

(2) 클라이언트에 대한 성과 목표를 포함

프로그램이 문제지표에 얼마나 충격효과를 줄 것인가 혹은 영향을 미칠 수 있는가를 구체화하는 것이 현실적으로 쉽지 않다면, 적어도 클라이언트에 대한 성과 위주의 목표를 설정하는 것이 중요하다. 기관이나 서비스 제공자들의 활동 위주만으로 목표를 규정하는 것은 바람직하지 못하다.

(3) 뚜렷이 구분되어 측정 가능한 용어로 기술

목표들은 변화의 방향(예 증가)뿐만 아니라 정도(예 10%)까지도 나타내야 한다. 그렇지 않으면, 예를 들어 어떤 목표가 단순히 '독거노인의 수를 감소시킨다'라고만 되어 있으면 기술적으로는 한 명의 독거노인이라도 해당 목표 기간 동안에 줄어든다면 이 목표는 성취된 것이 된다. 뚜렷이 측정 가능한 목표가 있어야만 프로그램 평가의 구체적인 표적이 드러난다.

(4) 시간-연계적

목표가 성취되는 시간적 틀이 확보되어야 한다. 예를 들어, 독거노인의 수를 감소시킨다는 것도, '10년간' 한다는 것과 '6개월간' 한다는 것은 아예 서로 다른 목표가 된다. 보통 단기적 목표들은 단일 회계연도를 기준으로 하지만, 그보다 단기적 혹은 장기적 목표 설정도 필요에 따라 가능하다.

(5) 현실적

목표는 실행과 성취가 가능한 것으로 규정되어야 한다. 그럼에도 지나치게 현실적인 '쉬운' 목표를 설정하는 것은 바람직하지 않다. 너무 어렵거나 혹은 너무 쉬운 목표들은 모두 성취를 위한 동기부여에 실패한다.

(6) 명확하고, 긍정적인 형태로 기술

목적을 기술할 때와 마찬가지로, 목표 역시 부정적인 측면보다는 긍정적인 변화 측면을 대상으로 삼아 기술하는 것이 좋다.

4. 목표의 유형

1) 상위목표와 하위목표

일반적으로 목표는 상위목표와 하위목표로 나누어진다. 상위목표는 보다 포괄적이며 핵심적인 목표이고, 하위목표는 상위목표를 더욱 세분화한 목표를 말한다. 상위목표를 우리는 통상 그냥 목표 또는 주 목표라고 칭한다. 하나의 주 목표를 하위목표로 세분화해야 할 경우 보통 2~3개의 하위목표로 나누는 것이 바람직하다. 네 개 이상의 하위목표로 분화해야 할 경우에는 주 목표 또는 상위목표를 2개로 나누어 접근하는 것이 바람직하므로 하위목표를 세 개 이상 나누는 것은 바람직하지 않다(황성철, 2005).

2) 성과목표와 과정목표

성과목표는 프로그램이 실행된 결과 클라이언트 체계의 변화를 나타내는 최종 목표이다. 즉, 성과목표는 프로그램의 결과 표적대상이 변화하게 될 행동이나 태도를 기술하는 것으로 변화 정도, 언제 변화가 나타날 것인가를 표현한다(양점도 외, 2009). 이에 반해 과정목표는 프로그램이 수행되는 과정이나 단계별로 설정되는 목표이다. 즉, 과정목표는 무엇으로 또는 어떻게(how) 그 결과에 도달할 것인가에 대한 목표를 진술한다.

3) 최종목표, 중간목표, 초기목표

최종목표는 프로그램을 통해 궁극적으로 달성하고자 하는 상태이며, 중간목표는 최종목표를 향해 성취해 가는 프로그램의 중간에 부수적으로 달성하고자 하는 상태를 말한다. 그리고 초기목표는 중간목표와 최종목표를 달성하기 위해 반드시 먼저 이루어 내야 하는 작은 목표들을 말한다.

4) 행정적 목표와 프로그램 목표

행정적 목표는 기관이나 어느 서비스 체계가 그 기능을 증진시키기 위해 또는 기관의 구성원들에게 업무를 분배할 때 세우는 목표이다. 이는 조직의 유지와 관련이 있는 목표이다. 반면에 프로그램 목표는 대상자(개인, 집단, 가족 및 지역사회)의 어떤 상태와 관련이 있는 목표이다.

행정적 목표가 조직의 유지, 기능 향상과 관련해서 세우는 목표로서 운영목표, 관리목표라고 한다면, 프로그램 목표는 조직의 산출에 초점을 두는 목표인 서비스 목표라고 할 수 있다. 그러나 이 두 목표가 항상 구별되는 것은 아니다(정무성, 2005).

5) 영향목표, 성취목표, 활동목표 및 이용자목표

영향목표는 가장 높은 수준의 목표로서, 프로그램이 문제지표에 얼마나 충격효과를 줄 것인가 혹은 영향을 미칠 수 있는가를 구체화하는 것이다. 이 목표는 언제까지 표적집단을 어떤 상태로 도달시키겠다는 식으로 표현된다. 성취목표는 두 번째 수준의 목표로서, 표적집단을 대상으로 무엇을 얼마만큼 달성할 것인가를 구체화하는 것이다. 따라서 이 목표는 서비스를 받은 표적집단의 수를 명시하기보다는 실제로 목적이 성취될 숫자를 구체적으로 나타낸다. 활동목표는 세 번째 수준의 목표로서, 얼마나 많은 서비스가 제공될 것인지를 구체화한 것이다. 즉, 투입할 노력의 양을 계량적으로 표현한 것이다. 이용자목표는 가장 낮은 수준의 목표로서, 얼마나 많은 클라이언트(수혜자)들이 서비스를 받게 될 것인지를 구체화한 것이다. 이 목표는 얼마나 많은 이용자들이 실제로 목적을 달성할 것인지를 구체화하려는 노력이 없기 때문에 평가를 위한 정보량이 부족한 한계가 있다.

┃그림 6-1┃ 중고등학생의 비행 대책에 대한 목표구조

출처 : 최일섭 · 이창호(1993), p. 220 재구성.

chapter

07 프로그램 설계와 개입 과정

사회문제를 확인하고, 문제해결을 위한 목적과 목표를 설정했다면 다음 과정은 그 목적을 달성할 프로그램의 활동내용을 구체적으로 구성하는 것이다. 여기에는 전 단계에서 설정한 목적과 목표를 바탕으로 클라이언트들이 성취하는 데 필요한 내용을 선정하고 조직하며 하나의 문서로서 만드는 활동을 하게 된다. 모든 욕구들을 수용할 수는 없으며, 클라이언트의 욕구사정을 통해 확인된 욕구 중 목적과 목표에 합당한 내용을 중심으로 기관의 여건과 실제 수행이 가능한 내용을 선정한다. 이러한 내용들은 조직화 과정을 통해서 보다 구체화되고 가치를 가진다(정무성, 2005). 본 장에서는 기관 차원 및 프로그램 개입전략 및 프로그램 내용의 선정과 구성 원칙에 대하여 설명한다(김상곤 외, 2012; 이민홍 · 정병오, 2012; 표갑수 외, 2013).

1. 기관 차원의 개입전략

1) 이해관계자 모델

이해관계자란 사회복지서비스 조직의 생존 및 목적 달성에 영향을 받거나 영향을 주는 집단이나 개인을 의미한다. 이는 기관과 계약의 관계를 맺고 있으며, 사회복지서비스 조직에게 직접적으로 경제적 영향을 미치는 일차적 이해관계자, 그리고 기관의 활동에 직접적으로 관여하지는 않으나, 사회복지서비스 조직에 영향을 끼치거나 영향을 받는 이차적 이해관계자의 두 집단으로 분류할 수 있다.

이해관계자 모델은 정책에 관심을 가지고 있거나 정책에 영향을 받는 사람들의 관심사나 이슈들을 평가하는 것을 말한다. 이해관계자 모델은 해당 정책에서 사전에 설정한 목표를 평가의 기준으로 사용하지 않고, 이해관계를 가진 다양한 여러 집단의 편익에 초점을 맞추게 된다. 실질적으로 사회복지서비스 조직은 외부환경에 의존적인 특성을 가지고 있기 때문에 사업수행 과정에서 관련된 이해관계자들의 관심을 만족시킬 수 있는 의사결정을 해야 한다.

영리조직에서 이해관계자 집단의 영향력은 매우 크다. 그러나 점차 비영리조직에서도 이해관계자들의 영향력이 커지고 있다. 시·군·구 행정공무원들의 정치적 성향으로부터 자유롭지 못하고, 매년 외부 기획서 공모를 통해서 예산을 일정 수준 확보해야 하는 기관의 입장에서는 자금을 지원하는 기관이나 재단의 영향력에서 자유롭지 못하다.

무조건 그들의 입맛에 맞게 눈치를 봐야 하는 것은 아니나 그들의 영향력이 미치는 한 그들이 추구하는 가치와 욕구가 기관의 운영과 클라이언트의 이익을 대변하는 차원에서 크게 문제가 되지 않는다면, 그것을 수용할 수 있어야 한다. 사회복지서비스 조직의 이해관계자는 행정기관, 재단법인, 지역사회조직 등이라고 할 수 있다.

2. 프로그램 개입전략

프로그램의 내용을 선정 및 조직화하는 단계에서 가장 먼저 프로그램 가설을 설정하게 된다. 프로그램 가설 설정은 프로그램을 위한 개입전략이 표적집단의 문제해결 및 욕구충족과 논리적인 관계가 있는지를 검토하는 절차이다. 구체적인 프로그램 가설 설정 방법은 다음과 같다.

프로그램에서 표적집단으로 설정한 클라이언트의 문제 및 욕구를 발생하게 한 원인을 규명해야 한다. 클라이언트의 문제 및 욕구는 이러한 원인이 되는 특정한 조건이나 상황의 결과물이라 할 수 있다. 프로그램 설정은 사회복지조사방법론에서의 독립변수와 종속변수 사이의 인과관계로 보면 된다. 표적집단에 발생한 욕구나 문제가 종속변수이며, 욕구나 문제의 원인이 되는 조건이나 상황이 독립변수가 된다. 결론적으로 독립변수의 변화는 종속변수의 변화를 가져올 수 있다는 논리에서 인과관계를 분석하게 된다. 일반적으로 프로그램의 표적집단이 되는 클라이언트 문제의 양상은 매우 복잡하며, 이러한 결과를 가져오는 원인도 단일 차원이기보다는 여러 가지 요인들이 복잡하게 작용한다.

클라이언트 집단의 문제를 발생하게 하는 다양한 원인에 대해 검토했다면, 다음은 프로그램을 통해 접근 가능한 요인을 선별하는 과정을 거쳐야 한다. 표적집단의 문제나 욕구를 유발하는 원인(조건 및 상황)이라고 해서 모두 프로그램을 통해 접근할 수는 없기 때문이다.

만약 프로그램 가설이 설정되었다면 프로그램의 내용을 구성하는 개입전략과 서비스 유형이 결정하는 대략적 프로그램 설계가 가능하게 된다(황성철, 2005). 프로그램에서 개입하고자 하는 표적대상의 문제 및 욕구를 발생하게 하는 요인들이 무엇이며, 이를 해결하는 데 효과적인 대처전략 및 서비스는 무엇인지를 결정하기 위해서는 사회복지 관련 지식을 활용해야 한다. 경우에 따라서는 사회복지는 물론 간호, 심리, 사회, 정치, 경제 등의 학문 분야 지식도 활용해야 한다.

프로그램 기획자가 되기 위한 최적의 조건은 필요한 정보와 자료를 적절하게 찾고 활용할 수 있는 사람이다. 문제의 원인 및 해결을 위한 대처전략에 관한 지식은 각종 단행본, 학술지, 학위논문, 사회복지기관 자료 등의 검색을 통해 확보할 수 있다. 프로그램 가설 설정 이후에 실제 프로그램 논리모형에 입각한 프로그램 차원의 개입전략에 대한 자세한 설명은 다음과 같다(표갑수 외, 2013).

1) 논리모형

논리모형은 프로그램 이론이라고도 불리며, 프로그램이 어디에서 시작해서 어디로 가는지를 보여주는 안내 지도의 역할을 한다. 즉, 프로그램 이론은 프로그램 활동이 결과를 산출하게 되는 과정에 대해 논리적 연결과정을 제시하며, 특정한 상황에서 나타난 문제를 해결하기 위해 프로그램이 어떻게 실행되는지를 설득력 있게 보여주는 모델이다.

(1) 문제와 이슈 진술

문제와 이슈 진술은 논리모형에 근거한 프로그램 이론 구축의 첫 번째 단계로 클라이언트의 문제에 대해 정확한 진단과 사정이 논리적이고 타당하게 전개되어야 함을 말한다. 이를 위해 우선 프로그램 기획자는 사회문제로 확인된 국내·외에서 보고된 선행사례를 검토하고 클라이언트를 면담하여, 그들이 겪고 있는 정서·행동상의 문제를 파악해야 한다. 면담이 끝나면 객관적인 검사 도구를 활용하여 면담과정에서 얻어진 결과를 보완하고 그들이 안고 있는 문제를 기술한다.

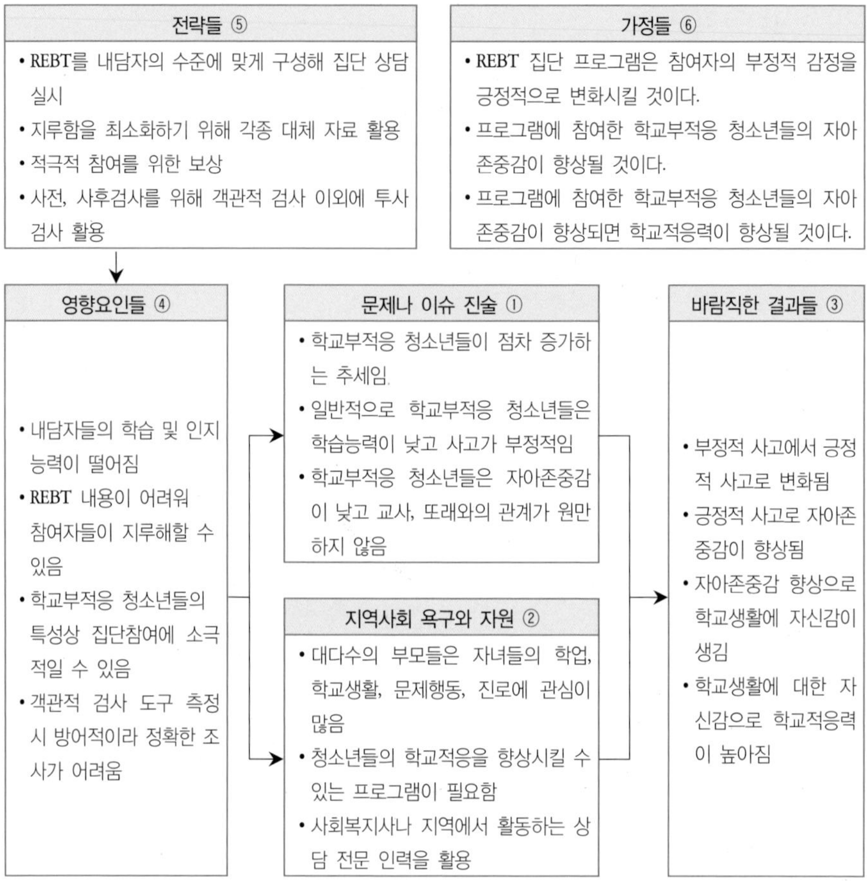

┃그림 7-1┃ 학교부적응 청소년을 위한 변화이론 구축

출처 : 유옥현(2009), p. 53.

(2) 지역사회 욕구에 따른 투입자원

지역사회의 욕구에 따른 투입자원 단계는 서비스를 제공받는 클라이언트와 의뢰기관, 서비스를 제공하는 프로그램 기획가가 그들의 임무 및 재원을 파악하는 단계이다. 이 단계는 프로그램의 목적 및 방향 설정에 있어 중요하며, 프로그램에 대한 실제 개입에 있어서도 투입자원 단계에서 수집한 자료들은 매우 유용하다. 우선 프로그램 기획자는 문제를 가지고 있는 클라이언트들을 파악하기 위해 기관에 등록된 상담기록카드 확인 및 그 담당자와 면담을 시도한다. 또한 전체적인 프로그램 기획(안)을 구상한 후 관련자들과의 협의 절차를 거쳐 프로그램 진행을 보조하거나 관찰기록을 수행할 자원봉사자를 섭외하여 교육시킨 후 현장에 투입한다. 또한 프로그램 보조진행자의 교통비, 프로그램 준비물, 다과 준비 등은 기관에서 할당된 예산에 맞게 계획하고 적용할 수 있도록 준비해야 한다.

(3) 기대되는 결과 : 성과영향

일반적으로 클라이언트에게 프로그램을 적용할 경우 기대되는 결과는 문제나 이슈 진술 단계에서 나타난 부정적인 요소들을 개선하는 방향으로 프로그램 이론을 구축해 나가야 한다. 더불어 프로그램을 통해 기대되는 결과를 도출하기 위해 클라이언트의 자발적 활동과 변화를 유도하기 위해 노력해야 한다.

(4) 영향요소

바람직한 결과를 유도하기 위한 프로그램을 기획하고 수행하기 위해서는 반드시 프로그램에 방해를 주는 영향요소를 고려해야만 한다. 프로그램 구성을 위해 고려되었던 투입, 활동, 산출의 내용들은 프로그램 기획자에게 프로그램 개발 시 유용하게 사용될 수 있다. 거기에 프로그램 참여자의 연령, 성별, 소득, 가구구성, 장애, 일상생활 기능 정도 등이 포함될 것이며, 지역의 특성에 따라 프로그램 성과를 비교해 볼 수도 있고, 서비스 제공기관별 비교나 의뢰형태에 따라서도 그 영향력은 달라질 것이다. 대부분 많은 프로그램을 경험한 클라이언트는 지루하거나 깊게 생각하는 문제에 대해서는 금세 싫증을 내기 때문에 프로그램 실행 시 이 부분을 염두에 두어야 한다. 집단참여를 유도할 때도 담당자의 도움을 얻어 집단참여를 유도하고 더불어 개별 면접을 실시하여, 프로그램에 대해 자세히 설명하고 참여를 독려할 필요가 있다.

(5) 전략

개발한 프로그램을 제대로 적용하기 위해 여러 가지 영향요소들을 고려하여 프로그램 전략을 세워야 한다. 첫째, 클라이언트들의 능력이나 인지를 고려하여 집단 프로그램을 그들의 수준에 맞게 구성하고 실시하여야 한다. 둘째, 지루함을 최소화하기 위해 다양한 접근기법이나 유인물 등 대체자료를 적극 활용하여 프로그램을 실행하여야 한다. 셋째, 적극적 참여를 유도하기 위해 출석부에 스티커를 붙이게 하거나 매 회기 활동이 끝나면 간식을 제공하는 방법도 좋고, 과제를 잘 해오고 활동 시 활발하게 참여한 클라이언트에게 선물을 제시해 보상효과를 시도하는 것도 프로그램의 성과를 위한 전략에 포함된다. 넷째, 사전・사후검사 시 방어를 최소화하기 위해 객관적 검사도구 이외에 투사검사를 실시해 부족한 부분을 보충하는 것도 하나의 전략이다. 프로그램을 집단으로 적용할 경우 적절한 집단을 구성하는 것에 대한 전략을 세워야 하며 프로그램 진행절차도 보다 효과적인 방법을 고려해야 한다.

3. 프로그램 내용의 선정과 구성 원칙

1) 프로그램 내용의 선정 원칙

프로그램 이론에 근거하여 창의적인 프로그램 내용들이 다양하게 제시될 수 있다. 프로그램 내용의 선정 원칙을 제시하면 다음과 같다(김상곤 외, 2012).

(1) 프로그램의 목적과 목표를 고려한다

프로그램의 이론에 근거해서 프로그램 내용을 선정하였다면 목적과 목표에 일치할 수 있다. 아무리 창의적인 활동이라 할지라도 목표 달성과 무관하다면 과감히 포기할 수 있어야 한다. 예를 들어, 한부모가정의 자립을 목표로 설정하였다면 자립을 위한 심리적 재활과 취업기술의 습득, 지역의 취업연계 등이 주요 활동으로 선정될 수 있다.

(2) 실제 생활에서의 적용이 가능해야 한다

프로그램의 성과는 현실에서의 적용과 실질적인 변화를 가져올 수 있느냐가 관건이다. 프로그램의 내용이 대상자의 생활영역에서 충분히 현실성을 가져야 하며, 적용성이 높아야 한다. 예를 들어, 기러기 아버지들의 자기관리 능력을 향상시키기 위한 것이라면 기러기 아버지들을 대상으로 생활에 필요한 기술, 요리, 세탁, 등의 기술 등을 습득하고, 건강관리를 할 수 있는 식단, 생활계획, 조기운동 자조모임 등의 내용들로 구성한다.

(3) 대상자들의 특성과 지역성을 고려한다

대상자의 특성, 즉 연령, 성별, 장애 유무 등을 고려해야 한다. 노인이나 아동의 경우 집중 가능한 시간이 30분 이내이므로 시간을 고려하여 프로그램 내용을 선정한다. 또한 노인이나 장애인들의 경우 지나치게 복잡하거나 높은 수준의 신체활동이 요구되는 것은 매우 제한될 수 있음을 고려해야 한다. 또한 지역성도 고려해야 한다. 농어촌지역과 도시, 인구밀집 정도, 지역주민의 경제수준을 고려해야 한다. 일부 기관의 경우 서비스 지역의 주민의 거주 분포가 매우 넓다면 기관 내에서 실시할 수 있는 프로그램보다 지역으로 찾아가는 활동을 선정하는 것이 바람직하다.

2) 프로그램 활동의 구성 원칙

이론에 기반을 둔 활동에 창의성의 날개를 달아준다면 더할 나위 없이 좋은 활동이 된다. 그러나 이러한 활동에서도 어떤 활동을 먼저 하고 나중에 할 것인지 주요 주제를 다루는 활동을 어느 정도 반복할 것인지 등 프로그램 구성에 대한 고민을 하게 된다. 프로그램 활동의 구성원리를 소개하면 다음과 같다(김상곤 외, 2012).

(1) 핵심적인 주제를 다루는 프로그램 활동은 1회기로 끝내지 않고 여러 번 반복한다

장애아동에 대한 인식개선 교육이 중요한 주제라면 장애의 종류와 장애에 대한 이해의 강의식 교육, 체험식 교육, 동영상 교육 등으로 동일한 주제를 다양한 활동 방법으로 구성하여 효과성을 극대화하기 위한 노력을 한다.

(2) 단순한 활동에서 복잡한 활동으로 배치한다

처음부터 어려운 내용들을 다루게 된다면 많은 클라이언트가 중도 탈락하는 결과를 초래한다. 처음에는 모든 클라이언트가 부담 없이 참여할 수 있는 단순한 활동들로 구성하고 이에 익숙해지면 점차 복잡한 활동에 참여하게 한다. 선행활동들의 경험이 충분히 수용된 경우는 복잡한 활동들이 무리 없이 진행될 수 있다. 이때 클라이언트의 흥미와 동기부여가 프로그램의 모든 기획과정에서 고려되어야 할 것이다. 자칫 활동이 복잡해지면 클라이언트들이 흥미를 상실할 수도 있으므로, 이를 살릴 수 있는 적절한 활동방법을 고려해야 한다.

(3) 대상자의 다양성, 활동의 다양성 등이 모두 고려되어야 한다

다양성의 원리란 프로그램 참여자 개인들이 가지고 있는 욕구, 특성, 관심과 흥미, 능력 등이 충분히 발휘될 수 있도록 다양하고 융통성 있는 방법으로 프로그램이 조직되어야 함을 의미한다. 집단 프로그램의 경우에도 집단활동의 목표 달성을 위해서 공동의 노력과 활동도 필요하지만, 집단 구성원 개개인의 특성과 요구를 반영하는 프로그램 내용 구성이 중요하다.

chapter 08

프로그램 수행 인력 구성 및 예산수립

1. 프로그램 수행 인력 구성

프로그램의 내용이 결정되면 프로그램을 수행할 수 있는 인력을 구성해야 한다. 수행 인력은 프로그램에서 실행하고자 하는 모든 활동들을 포괄할 수 있도록 선정되어야 한다. 일반적으로 프로그램 수행 인력은 프로그램을 실행하는 전반적인 사항을 책임지고 진행하는 관리자, 관리자의 업무에 대해서 지도 및 감독을 하는 슈퍼바이저, 그리고 프로그램 전 과정에 대해 전문적인 의견을 제공하는 자문위원, 마지막으로 프로그램의 내용별로 수행하는 전문가(㉵ 의사, 간호사, 물리치료사, 미술치료사, 원예치료사, 심리상담사 등), 프로그램을 보조하는 자원봉사자 등으로 구성된다(이민홍 · 정병오, 2012).

1) 관리자(조정자)

프로그램을 실행하고 평가하는 전 과정을 담당하게 되는 사회복지사이다. 역할의 비율에 따라 주관리자와 부관리자로 구분되기도 하며, 프로그램 서비스를 직접 제공하기도 하고 서비스가 적합한 전문성을 갖춘 인력에 의해 수행되도록 조정자 역할도 한다.

2) 슈퍼바이저

프로그램을 효과적으로 수행하기 위해서는 지도, 감독하는 역할이 필요하다. 프로그램을 진행하다 보면 여러 가지 장애요소가 발생하기도 하고, 기관 내에서의 협력을 요구하기도 한다. 이러한 경우 슈퍼바이저는 담당자와 문제를 해결하고 효율적으로 프로그램을 진행할 수 있도록 슈퍼비전을 제공한다.

3) 자문위원

프로그램의 자문위원은 프로그램이 의도했던 목적 및 목표를 달성할 수 있도록 모니터링과 함께 서비스 품질 관리를 위한 의견을 제시한다. 자문위원은 슈퍼바이저와 동일하게 프로그램 내용을 원활하고 효과적으로 수행할 수 있도록 제안을 하기도 하고, 이를 관리자에게 요구하기도 한다.

4) 프로그램 활동을 위한 전문가

프로그램을 통해 제공되는 모든 활동을 사회복지사가 수행할 수 있다. 하지만 프로그램을 효과적으로 실행하기 위해서는 전문인력(㉥ 의사, 간호사, 물리치료사, 미술치료사, 원예치료사, 심리상담사 등)을 팀체계나 협력체계로 구축하여 업무를 수행하게 된다.

5) 자원봉사자

프로그램의 실행을 하기 위해서는 보조인력이나 준전문인력의 도움이 요구된다. 프로그램의 효율적 실행을 위해 자원봉사자들을 활용하여 프로그램을 수행하도록 하고 있다.

2. 예산수립

효과적이고 바람직한 예산을 수립하기 위해서는 먼저 예산의 개념과 성격을 정확하게 파악하여야 한다. 특히 예산이 프로그램 실행의 물적 표현이라는 것을 감안한다면 프로그램의 속성과 예산수립의 속성이 깊이 연관되어 있다는 것을 인식하는 것은 매우 중요하다(이봉주 · 김기덕, 2008).

1) 예산의 개념

예산이란 어떤 조직체가 일정 기간 사용할 지출과 그 지출에 필요한 자원의 조달계획이다. 일반적으로는 일 년간의 회계연도 내에서 조직목표를 금전적으로 표시하여 해당 기간 동안 수행되는 조직체의 재정활동의 계획을 편성한 것이다.

예산을 좁은 의미의 개념으로 볼 때, 사회복지서비스 조직이 일정 기간 동안 사용할 지출을 어떻게 배분할 것인지에 초점을 맞추는 것이고, 넓은 의미의 개념으로 예산을 볼 때는 좁은 의미의 개념에 사용될 예산을 어떻게 확보할 것인가에 대한 조달 계획까지도 포함하는 것으로 본다.

2) 예산의 속성

대부분의 프로그램 기획자는 예산수립을 매우 명확하고 분명한 활동으로 간주하는 경향이 있다. 이러한 경향의 이면에는 예산수립 활동이 주로 프로그램에 필요한 인적 · 물적 자원의 금전적 고려에 치중하기 때문에 다른 과업보다는 상대적으로 수량화가 가능한 작업일 것이라는 선입견이 존재하고 있기 때문이다. 하지만 아무리 실제로 간단한 프로그램 기획 과정에서도 예산을 수립하는 과정은 기획자의 복잡한 의사결정을 요구하는 정치적 결정 과정이다. 그리고 프로그램 기획자가 이와 같은 예산의 독특한 특성과 성격을 충분히 이해하고 있을 때, 가장 적절한 예산수립이 가능할 것이다. 이는 곧바로 성공적인 프로그램 결과의 산출로 이어지게 된다. 그런데 앞서 언급한 바와 같이 예산은 프로그램 구성의 재정적 표현이다. 따라서 예산수립의 성격은 기본적으로 프로그램 수립의 성격, 나아가 프로그램 기획의 속성과 그 맥을 같이한다. 예산을 판단하는 기준은 다음과 같다(오석홍, 2001).

(1) 주권자의 동의

적법절차에 따라 국민의 동의를 받아야 한다. 포괄적인 세입·세출에 대하여 국민의 대표기관인 국회의 사전승인을 받아야 하며, 집행기관에서는 승인된 내용을 준수해야 한다.

(2) 책임성

예산과 예산관리는 입법적 심사와 회계검사의 대상이 되어야 한다.

(3) 투명성

예산의 내용뿐만 아니라 그 관리과정의 공개성을 높이고, 예산을 누구나 알기 쉽게 구성하여 명료성을 높여야 한다.

(4) 정직성

예산의 내용이나 관리과정에서 속임수가 있어서는 안 되며, 특수이익을 고려해서는 안 된다.

(5) 계획성

실현 가능성이 높은 예산이 되어야 한다. 신중해야 하며, 공적자금 관리는 지나친 모험을 삼가야 한다.

(6) 효율성

집권화의 요청과 분권화의 요청을 적정하게 조화시켜 입법적·행정적 통제와 집행자율을 상황의 요청에 따라 절충해야 한다.

(7) 형평성

세입 · 세출의 결정과 집행에서 분배의 정의를 추구해야 한다.

(8) 성장과 안정의 조화

예산은 경제의 성장과 안정을 조화시키는 데 기여해야 한다.

3) 예산의 유형

예산의 유형은 예산수립에서 무엇을 가장 중요한 요소로 삼느냐에 따라 구분된다. 예산의 유형을 분류하는 것은 사업계획의 수립과 예산 심의의 과정을 용이하게 하고, 집행의 효율화, 회계 책임의 명확화, 경제분석의 촉진 등을 위해서이다(표갑수 외, 2013).

(1) 항목별(품목별) 예산

항목별 예산(LIB : Line-Item-Budgeting)은 과학성이 낮은 가장 오래되고 전통적이고 일반화된 예산체계이다. 통제 지향적으로 예산상의 항목은 회계에 있어서 회계계정이 되는 것으로 회계담당자가 지출을 통제하는 근거가 된다. 즉, 예산 집행자들의 재량권을 제한함으로써 예산에 대한 행정책임의 소재를 분명히 하고 회계책임에 대한 외재적 통제가 쉽도록 하는 제도이다(남기민 · 최성재, 2006).

점진주의적 특성을 가지고 있어 예산의 증감을 신축성 있게 조정할 수는 없다. 전반적인 인상률을 적용하는 것이 되어 타당한 근거가 되지 못하고 따라서 효율성이 무시된다. 투입중심적이어서 관심의 범위가 투입의 규정에 국한되는데, 투입이란 지출항목, 즉 재화, 용역과 그 비용이다. 결과나 목표달성에 대한 고려가 부족하기 때문에 사회복지서비스 조직에서 전적으로 이용하는 데는 문제가 있으므로 회계의 편의와 예산의 통제를 위해서 다른 예산체계와 결합하여 도입하는 것이 바람직하다.

선진국들에서 가장 오래 사용되어 왔으며, 아직도 그 뿌리는 깊다. 우리 정부도 항목별 예산제도에 주로 의존하고 있다. 이처럼 항목별 예산의 기본 목적은 예산 통제에 있다. 지출을 통제하는 수단의 예산방식은 수입과 지출의 모든 내용을 나타내는 것으로 현행 사회복지 예산방식의 근간이 되고 있다(김통원, 2004).

그러나 성과중심의 관리자에게 항목별 예산은 부적절한 도구이다. 첫째, 프로그램 비용과 행정 비용을 비교할 근거를 제시하지 못한다. 따라서 중요한 효과성 측정을 할 수가 없다. 둘째, 항목별 예산은 프로그램을 정체시킨다. 예산을 결정하는 데 외부 기준이 존재하지 않기 때문에 프로그램 관리자는 항목들 사이에서 예상되는 지출 규모와 비율이 같아지는 수준에서 현재의 지출보다 훨씬 적게 증액하는 경향이 있다. 간단히 말해, 항목별 예산은 창의성을 자극하고 수행을 강화하기보다 오히려 파괴시키는 방향으로 작용할 수 있다(정무성, 2005).

〈표 8-1〉 **항목별 예산제도의 장단점**

장 점	• 계산 작업이 쉽고 예산 구조를 이해하기도 쉽다. • 회계책임을 묻는 데 유용하며 점증주의적 의사결정에 수반한다. • 지나친 모험을 피하게 하며 안전한 예산관리를 할 수 있다. • 갈등을 야기할 수 있는 선택을 분산 또는 분할하기 때문에 모든 어려움에 한꺼번에 직면하지 않아도 된다. • 어떤 정책도 항목들에 반영할 수 있다.
단 점	• 목표달성에 무관심한 투입기준의 예산을 결과로 하여 산출의 성과를 확인할 수 없게 한다. • 목표중립성 · 정책중립성은 사업무관심 · 성과무관심을 조장할 수 있다. • 과학적 포괄성 · 합리성을 결여한다. • 재정구조의 경직화를 초래한다. • 활동의 중복이 발생한다. • 정부 전체 활동의 통합조정에 필요한 수단을 제공하지 못한다.

(2) 성과주의 예산

성과주의 예산은 사회복지조직이 성취하고자 하는 목표를 세부 프로그램 및 활동으로 나누어 각 프로그램이나 활동의 단위원가와 업무량을 고려하여 예산을 수립하는 방법이다. 성과주의 예산에서는 프로그램에서 필요한 항목별 예산이 아니라, 프로그램이 의도한 목표를 달성하기 위하여 비용이 얼마나 소요되는지에 초점을 두고 있다. 성과주의 예산은 프로그램 예산 또는 기능주의 예산이라고 불리는데, 프로그램 예산과 행정비용을 분리하여 기관의 목적과 주요 사업을 이해하여 실적평가에 용이하기 때문이다(황성철, 2005, 이민홍 · 정병오, 2012 재인용).

성과주의 예산에서는 소위 세부 사업별로 단기계산을 하는 방식을 취하고 있다. 예를 들어, 주간보호 프로그램의 한 달 예산이 20,000,000원이었는데, 50명의 보호가 필요한 노인에게 서비스를 제공했다면, 클라이언트 1인당 비용은 400,000원이 되는 것이다. 이렇게 성과주의 예산은 프로그램의 성과에 대한 단기계산을 취할 수 있기 때문에 기관별로 제공하는 서비스를 상호 비교할 수 있다.

〈표 8-2〉 **성과주의 예산의 사례** (단위 : 원)

구 분	내 용	2020년 예산	2021년 예산
프로그램 및 서비스 활동	상담 프로그램	30,000,000	32,000,000
	입양 프로그램	38,000,000	33,000,000
	가정위탁 프로그램	90,000,000	94,000,000
프로그램 지원활동	일반 관리비	15,000,000	16,000,000
	모금 활동	21,000,000	30,000,000

출처 : 황성철(2005), p. 191의 <표 6-5>를 수정함.

(3) 기획예산

기획예산 수립방법은 예산을 수립하는 기관이 설정한 장기적인 전망이나 계획에 근거하여 목표를 수립하고, 이들 목표를 달성하기 위해 선정된 전략이나 프로그램들을 가장 효율적으로 실행할 수 있는 방향으로 예산을 편성하는 방식이다(이봉주 · 김기덕, 2008). 기획예산의 수립 및 절차는 우선 조직의 장기적 목적을 설정하고, 목적을 세분화하여 연도별 목적을 달성하기 위한 프로그램을 비용효과분석으로 목표의 우선순위를 확정한 뒤 실행예산을 수립한다(황성철, 2005, 이민홍 · 정병오, 2012 재인용).

(4) 영기준 예산

영기준 예산은 처음부터(0의 상태에서) 새로 프로그램을 시작한다는 전제하에서 예산을 세우는 것을 말한다. 즉, 전례를 기준으로 삼지 않고 매년 영의 수준 또는 백지수준에서 새로이 예산을 결정한다는 원칙을 채택한다.

영기준 예산은 전년도 예산을 기준으로 하여 점증적으로 결정하는 데서 생기는 폐단을 시정하려고 개발한 것이다. 즉, 신규 사업이거나 기존 사업자이거나를 막론하고 모두가 그 필요성에 대한 심사를 받도록 하자는 것이 영기준 예산의 원리이다.

사회복지 실천현장에서 사회복지서비스 조직들이 영기준 예산을 채택하는 이유는 예산감축, 자원재배정, 예산요구에 대한 지지 획득, 하급관리자들의 참여 확대, 하급관리자들의 능력 평가, 예산, 계획, 통제기능의 연계 강화 등이다(표갑수 외, 2013).

4) 예산수립 과정

예산수립은 우선 기획과정에서 확정된 목표와 프로그램의 활동내용을 참조하여 이를 수행하는 데 필요한 인적·물적 자원의 성격을 명확하게 분석, 분류하는 것으로 시작된다. 그런 다음 분류된 이들 자원의 구체적인 액수와 양을 계산하는 데 일반적으로 최종적으로 계산되는 자원의 가치는 가격으로 환산된 금액으로 표시한다. 마지막으로 이렇게 최종 결정된 자원들을 어떻게 조달할 것인가를 분명히 하는 작업으로 끝맺게 된다(이봉주·김기덕, 2008).

(1) 1단계 : 산출항목의 명확화

먼저 프로그램의 목표체계도와 구성 내용을 면밀하게 검토하여 프로그램 수행에 요구될 것으로 판단되는 모든 인적·물적 자원을 목록화한다. 그런 다음 목록 자원들의 각각의 성격에 따라 인건비, 사업비, 관리비, 교통비, 기타 등의 항목으로 구분한다.

- **인건비** : 프로그램의 실천에 필요한 모든 인적 자원의 동원과 활용에 사용되는 비용의 총합이다.
- **사업비** : 구체적인 프로그램 활동에 사용되는 재료와 물품 구입에 사용되는 총비용이다.
- **관리비** : 인건비와 사업비 이외에 활동을 추진하기 위해 필요한 부대시설이나 관련 장비와 관련된 비용이다.
- **기타** : 인건비, 사업비, 관리비 등에 해당하지 않는 예비비 등과 같은 비용이다.

(2) 2단계 : 산출근거의 명확화

1단계에서 분류된 예산은 2단계에서 구체적인 액수와 내용이 명확하게 되어 최종비용의 가치가 분명하게 산정되어야 한다. 아울러 그 비용의 성격이 분명히 확정되어야 한다.

① 구체적 비용의 산출

예산의 항목별 명확화는 단위가격과 항목의 총량으로 계산된다. 일반적으로 비용 산출에 널리 사용되는 기준은 시장가격이다. 해당 물품에 대한 몇 가지 시장가격의 평균으로 최종비용을 산정하면 큰 무리는 없다. 시장에서 판매하지 않은 물품의 경우에는 해당 물품의 제작에 필요한 재료비와 인건비의 합산으로 선정하면 되고, 전혀 시장에서 구입하지 못하는 물품이라면 해당 물품과 비슷한 시장판매물품의 가격을 준용하면 된다.

② 비용의 성격 규명

이렇게 산출된 비용은 해당 프로그램만을 위해 신규로 편성된 비용인지 아니면 다른 프로그램과 공유하는 비용인지의 여부에 따라 직접비와 간접비로 구분된다.

- **직접비** : 특정 프로그램만을 위하여 새롭게 편성되어 지출되는 비용이다. 달리 표현하면 직접비는 프로그램이 존재하지 않았다면 전혀 필요하지

않았을 비용이다.

- **간접비** : 특정 기존에 사용되던 시설이나 인력 가운데 새롭게 수행되는 프로그램에 활용될 비용이다. 다시 말하면, 다른 프로그램의 수행과 공유되는 비용을 말하는 것이다.

(3) 3단계 : 예산조달체계의 명확화

이상의 소요되는 자금을 어떻게 동원할 것인가를 분명히 해야 한다. 대부분의 프로그램 실행은 작성된 기획서를 제출하여 특정 단체나 기관에 프로그램 예산을 신청하는 방식으로 이루어지는 것이 보통이다. 앞서 항목별로 구분된 프로그램의 전체 예산을 신청분과 자부담분으로 구분한다.

- **신청분** : 프로그램을 작성하고 수행할 기관이나 조직이 외부기관이나 단체에 지원을 신청하는 프로그램 비용이다.
- **자부담분** : 전체 예산 중에서 기관에서 자체적으로 조달하는 부분을 자부담분이라고 한다. 일반적으로 자부담의 비중을 20~50% 정도 요구하고 있다(정무성 · 정진모, 2001).

chapter

09 프로그램의 실행

1. 프로그램 실행의 의미

프로그램의 실행은 프로그램의 목적과 목표 달성을 위해 기획했던 프로그램 활동을 직접 실행하는 것을 말한다. 프로그램의 기획 및 설계 단계에서 사회문제의 분석이나 욕구조사에서 특정 집단에 해당되는 사람들을 클라이언트 집단으로 선정하고 개입전략과 방법을 구체화한다(황성철, 2005). 그 다음으로 프로그램 실행에서는 세부계획을 점검하여 홍보를 통한 대상자 모집, 지역사회 자원 확보, 인테이크와 더불어 각종 서류 및 자료의 준비와 작성으로 서비스를 제공하며 양질의 서비스를 제공하기 위해 모니터링이나 정보관리, 서비스 질 관리 등의 구체적 노력을 하게 된다(김상곤 외, 2012; 김영종, 2013; 양정하 외, 2011; 이민홍 · 정병오, 2012).

2. 프로그램의 관리

프로그램에 대한 기획 및 설계만으로 프로그램의 목적과 목표를 달성할 수 없기 때문에 프로그램을 실행하는 과정에서 계속적인 관리가 수행되어야 한다. 프로그램이 계획대로 잘 수행되고 있는지와 예상되지 못한 상황이 발생되었을 때, 합리적인 조치를 취하는지를 프로그램 관리 기법을 통해 검토하게 된다(김영숙 외, 2002; 정무성, 2005).

1) 프로그램의 모니터링

프로그램의 모니터링은 프로그램이 기획대로 수행되는지, 대상 집단에 대한 원조나 서비스가 제대로 실시되고 있는지를 살펴보는 것이다. 프로그램을 모니터링하는 과정은 근본적으로 단순하다. 이를 단계별로 살펴보면 다음과 같다(Epstein & Tripodi, 1977, 김영종, 2013 재인용).

- 1단계 기준설정 : 기획된 목표들에 대한 일관된 수행 기준을 마련한다.
- 2단계 정보수집 : 기준에 의거해서 수행 정보를 체계적으로 수집한다.
- 3단계 사실확인 : 수집된 정보를 바탕으로 기대와 현실 수행 사이의 간격을 확인해 본다.
- 4단계 행정조치 : 확인된 사실을 토대로 프로그램의 지속 및 수정 등에 대한 행정적 판단과 조치를 한다.

모니터링을 통해 다양한 프로그램 변화의 방향이 제시될 수 있다. 프로그램 활동 방식의 변경, 비용 지출의 삭감이나 증액, 채용 절차의 변경, 직원 재배치 등의 다양한 정보가 모니터링을 통해 얻어진다. 심지어는 프로그램 목표 자체를 수정해야 할 필요성까지도 여기에서 제기될 수 있다.

2) 프로그램의 정보관리

사회복지서비스 조직은 프로그램을 위한 정보관리체계를 구축하고 필요한 정보를 효과적으로 활용할 수 있어야 한다. 일반적으로 사회복지서비스 조직에서 수집하여야 할 대표적인 정보는 다음과 같다(김상곤 외, 2012).

(1) 지역사회 정보

인구통계학적 및 사회경제적 특성에 관한 자료, 서비스를 받고 있는 대상자의 범위 확인, 유사 서비스 제공기관과 재원의 목록 등(예 다양한 욕구조사 자료, 인근 기관의 중점 서비스, 지역주민에 관한 조사 및 통계 결과 자료, 인근 기관들 내지 경쟁기관들의 유사 프로그램 관련 현황 보고 자료 등)이 있다.

(2) 클라이언트 정보

클라이언트의 문제, 개인력, 서비스 수혜 유형, 서비스 기간, 사회・경제적・가족적 특성, 고용 상태, 만족도와 서비스 성과 측정 등(예 프로그램 참여자들의 일반적 특성에 관한 자료, 각종 심리검사 및 척도 측정 자료, 기관 프로그램 이용에 관한 현황 자료, 프로그램 성과평가를 위한 다양한 자료 등)이 있다.

(3) 서비스 정보

서비스 단위, 클라이언트 수, 일정한 기간 내에 서비스를 제공받은 클라이언트 수와 서비스가 종결된 클라이언트 수, 서비스와 관련된 활동에 관한 설명 등(예 프로그램 하위 세부 활동들과 활동별 참여 현황, 실적, 중도 탈락 및 수료율 등)이 있다.

(4) 직원 정보

프로그램 수행에 참여한 시간, 프로그램 담당기간, 직원의 임면에 관한 사항, 직원의 전직과 보직변경 등(예 담당자의 실질적인 근무시간, 관련 업무 비중, 슈퍼비전 시간, 자원봉사자의 수 등)이 있다.

(5) 자원할당 정보

전체 비용, 특수한 유형의 서비스 비용, 예산 및 결산 보고서를 위해 필요한 자료 등(예 수입 출처와 각 내역, 지출 세부내역, 예산과 결산 보고, 특정 수입 출처에 관한 내역 등)이 있다.

기본적으로 프로그램과 관련해서 상기의 다섯 가지 영역의 정보를 모두 수집하여야 하나, 적절한 수집 정보 내용의 선택, 정보수집 방법, 정보 보관 및 정리 방법, 정보활용 방법 등이 프로그램 기획 시에 논의되는 것이 필요하다. 또한 수집된 정보들을 관리할 정보관리 시스템을 구축하고 운용하는 것도 효과적인 정보 관리의 중요한 영역이다.

3) 프로그램 진행 관리

프로그램을 정확하게 실행하기 위해서는 진행과정에 대한 관리도 효율적으로 이루어져야 한다. 목표 달성을 위해서 시간계획은 필수이다. 진행 상황의 검토와 보고 및 프로그램의 완성을 위하여 구체적인 시간이 계획되어야 한다. 시간표를 계획하는 것은 청사진을 제시함에 있어 활동성 있고 능률적인 계획을 수행하는 데 유용하다(정무성, 2005).

(1) 프로그램평가검토기술

프로그램평가검토기술(PERT : Program Evaluation and Review Technique)은 1950년대 미 해군의 핵잠수함 건조 과정에서 고안된 것으로, 이는 같은 시기의 미국의 한 건설회사에서 개발된 경로기법과 유사하다. 이 두 기법은 사업계획의 조직적인 추진을 위하여 인적·물적 자원의 제약 아래 최소한의 비용으로 최단기간 내에 사업을 완성하는 계획을 실천하는 데 사용되는 네트워크 분석기법이다. 이는 특정 사업의 계획, 조직화, 통제라는 세 가지의 중요한 기능을 수행한다(성규탁, 1998; 정무성, 2005).

PERT 기법은 목표와 수단을 합리적이고 체계적인 양식으로 연결하고자 하는 노력이다. 즉, 활동 간의 상호 관계를 파악하기 위해 활동내역을 묘사하는 활동들을 서로 연결하는 화살표를 이용하여 일련의 활동망의 형태로 나타낸다. 이때 화살표 옆에 활동시간의 길이를 표시할 수 있다. 기대시간(te : time of expectation)에 대한 공식은 다음과 같다.

te=(O+4M+P)/6

O : 낙관적 완료시간, 이상적인 상황에서 가장 짧게 걸릴 수 있는 시간

P : 비관적 완료시간, 최악의 사태가 벌어졌을 때 가장 많이 걸릴 시간

M : 통상적 기대시간, 일반적으로 걸릴 수 있는 비슷한 시간

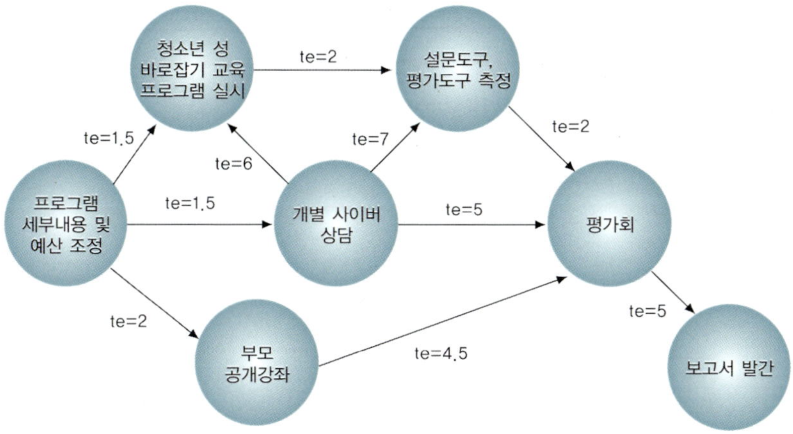

| 그림 9-1 | PERT 적용 사례

출처 : 김학주(2008), p. 84.

활동망 중에서 가장 긴 시간이 걸리는 전체 경로를 주요 경로라고 하는데, 이 경로는 프로그램 기획자가 최종활동에 도달하는 데 소요될 것으로 생각되는 꼭 필요한 시간이 된다. 그림에서 프로그램 세부 내용 및 예산 조정 – 개별 사이버상담 – 설문도구, 평가도구 측정 – 평가회 – 보고서 발간까지의 경로가 주요 경로이다(김학주, 2008).

PERT 기법의 기본 원칙은 특정 프로그램의 목표에 따라 이와 관련된 과업과 활동, 세부 활동 간의 관계를 논리적으로 시간 순서에 따라 도식화하는 것이며, 이러한 도식화 작업은 프로그램과 관련된 활동 및 사건의 진행사항을 추적, 감독할 수 있도록 시간의 흐름에 따라 사업진행 정도를 보여주는 지도를 제시하는 효과가 있다(성규탁, 1998; 정무성, 2005).

(2) 시간별 활동계획도표

시간별 활동계획도표는 1919년 미국의 간트(Gantt)가 창안한 것으로 사업계획을 완성하기 위해 프로그램의 시작부터 끝까지 일정 기간 동안 행해질 각 활동들의 진행일정을 막대도표를 이용하여 나타내는 기법이다. 세로축에는 세부 목표와 활동계획을 기입하고 가로축에는 시간을 기입하여 사업의 소요 시간을 막대로 나타내는 도표이다(김학주, 2008). 어느 한 프로그램을 완성하기 위해 일정 기간 동안 행해질 의도적인 활동들을 일목요연하게 정리한 것이며, 다음과 같은 내용들이 포함된다(성규탁, 1998; 정무성, 2005).

- 어느 한 프로그램 혹은 프로젝트를 구성하는 각 개별 활동을 규정
- 각 활동을 끝내는 데 필요한 시간의 결정
- 도표 위에 그 활동의 진행일정표 제시

간트차트는 도표를 만들기 쉽고 개별 활동에 관한 이해가 쉬운 반면, 개별 활동 간 상호 관련성 표시가 불가능하여 상호관계를 알 수 없다는 단점이 있다(김학주, 2008).

〈표 9-1〉 **간트 도표 적용사례**

기간 / 내용	1월	2월	3월	4월	5월	6월	7월	8월	9월	10월	11월	12월
사업 세부 계획 수립	→											
대상자 선정/ 보호자 동의		→										
야간아동보호		──────────────────→ (2월~11월)										
안전귀가 동행서비스		──────────────────→ (2월~11월)										
기초학습 지원/ 숙제지도		──────────────────→ (2월~11월)										
가족관계 개선 프로그램		──────────────────→ (2월~11월)										
사업평가, 보고서 작성												→

출처 : 사회복지공동모금회(2009), p. 36.

(3) 월별진행표

월별진행표는 미국 Remінton-Rand사에서 고안해 낸 것으로 특정 활동이나 업무를 조그만 카드에 기입하여 모니터링하는 방법이다. 카드의 위쪽에는 해당 월이 기록되고 그 아래에 업무를 적은 작은 카드들이 꽂힌다. 업무시간에 따라 변경하여 이동시키는 데 편리한 장점이 있는 반면, 과업과 행사 간에 상관관계를 쉽게 파악할 수 없다는 단점이 있다(김학주, 2008).

표는 월별진행표의 적용사례를 나타낸 것이다.

〈표 9-2〉 월별활동 카드 적용사례

저소득 방임아동의 야간보호사업			
1월	2월	3~11월	12월
사업 세부 계획 수립	대상자 선정 보호자 동의 야간아동보호 안전귀가 동행서비스 기초학습 지원/ 숙제지도 가족관계 개선 프로그램	야간아동보호 안전귀가 동행서비스 기초학습 지원/ 숙제지도 가족관계 개선 프로그램	사업평가, 보고서 작성

(4) 총괄진행표

총괄진행표는 프로그램의 진행과정을 시작부터 종료까지 한눈에 볼 수 있도록 한 것이다. 현재 기관의 준비성과 실행 가능성에 대해 사정하고 프로그램 실행 인력과 서비스 전달방법에 대한 기존 체계를 분석하여 서비스 전달이나 직원 배치가 유용하도록 프로그램을 기획할 수 있다. 총괄진행표는 불필요한 단계는 삭제하고 새로운 자료와 형식을 추가하면서 프로그램을 실행할 수 있다(김학주, 2008).

그림은 내부교육 총괄진행표를 나타낸 것이다.

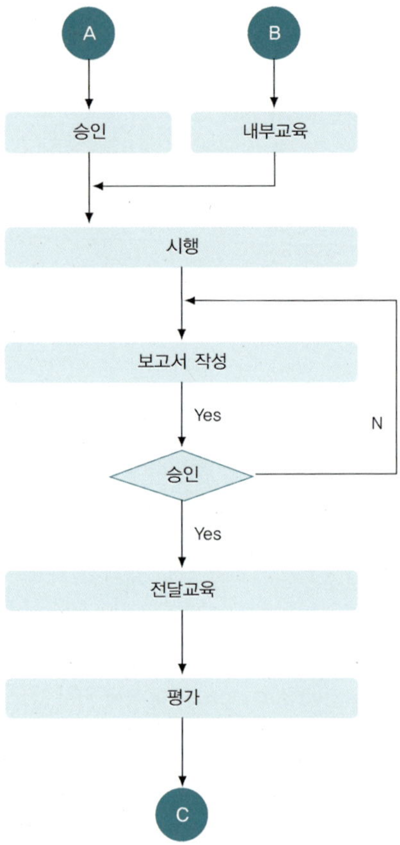

Ⅰ그림 9-2Ⅰ **내부교육 총괄진행표**

4) 프로그램 마케팅

(1) 프로그램 마케팅의 이해

프로그램의 실행단계에서 가장 중요한 과업은 프로그램 대상자 모집과 프로그램 수행을 위해 필요한 인적 및 물적 자원의 확보이다. 사회복지 프로그램 대상자의 모집과 인적·물적 자원을 확보하기 위해 리쿠르팅, 홍보, 광고 등의 활동을 전개하는데, 이를 일반적으로 프로그램 마케팅이라고 한다. 황성철(2005)은 프로그램 마케팅을 넓은 의미로 '사회복지서비스 조직의 프로그램에 클라이언트의 참여를 유도하고 재원확보를 위한 여러 가지 활동을 포괄적으로 지칭하는 개념으로 프로그램의 정당성 확보, 홍보, 판촉, 광고 등과 관련된 활동을 분석하고 시행하는 의미를 가진다'라고 설명하였다.

(2) 정당성 확보와 클라이언트 모집을 위한 마케팅

프로그램의 정당성 확보와 클라이언트의 모집을 위한 마케팅의 주요 내용은 프로그램 당사자가 매우 간략하면서도 체계적으로 작성하여야 한다. 가급적이면 눈을 끌 수 있는 홍보내용과 효과적인 홍보카피를 준비한다. 반드시 포함되어야 할 마케팅 내용은 프로그램의 목적, 대상자격 기준, 주요 활동, 프로그램 참여를 통해 얻는 혜택과 불편, 문의방법 등이다. 특히 프로그램 참여를 통해 얻는 기대효과만을 강조하기보다는 참여로 인해 발생할 수 있는 불편에 대해서도 기술한다. 참여로 인해 발생할 수 있는 불편은 일반적으로 참여를 위해 클라이언트가 해야 할 과업을 의미한다. 따라서 참여로 인한 불편이라기보다는 참여조건으로 표현하는 것이 더 적절할 수 있다(이민홍, 2011).

사회복지서비스 조직에서 사용하고 있는 프로그램 마케팅 방법들은 다음과 같다(성향숙 · 이민홍 · 이재정, 2008).

- **인쇄 및 홍보물** : 소식지, 팸플릿, 전단지, 현수막, 기념품 등
- 홍보용 비디오 제작 및 상영
- **우편물** : 기관 소식지, 프로그램 홍보 서신
- **대중매체광고** : 신문, TV 등
- **직접방문** : 지역 내 가구 방문, 반상회 참여, 관공서 및 주요 기관 방문
- **이벤트 및 특별행사** : 바자회, 음악회, 전시회 등
- **SNS** : 트위터, 페이스북, 블로그, 카페 등
- 인터넷 홈페이지
- 기관 이용자 및 자원봉사자를 통한 홍보
- 전화
- 기타

(3) 인적 및 물적 자원 확보를 위한 마케팅

프로그램을 기획한 기관 및 관리자가 모든 프로그램 활동들을 수행하는 경우는 거의 없다. 대부분의 프로그램은 지역사회의 인적 및 물적 자원을 활용해야만 실행이 가능하게 된다. 따라서 프로그램 실행 단계에서 가장 중요한 과업은 지역사회의 인적 및 물적 자원을 확보하는 것이다. 프로그램을 위한 인적 자원으로는 프로그램 활동을 보조해 줄 수 있는 자원봉사자, 프로그램 중 전문 활동을 실행할 수 있는 전문가(치료사, 상담사, 교육자 등), 프로그램 실행 과정에서 발생하는 문제점이나 효과적인 진행 방안에 대해 자문을 해줄 수 있는 전문가(의사, 교수, 법조인 등), 프로그램 수행을 위해 필요한 인적 및 물적 자원을 확보할 수 있도록 도와주는 관계자 등이 있다.

다음으로 프로그램을 위한 물적 자원은 프로그램을 위한 장비(도구) 및 시설(장소)을 외부자원으로 활용하거나 기관에서 새롭게 장비(도구) 및 시설(장소)을 구비(확보 또는 보수)할 수 있도록 물품이나 자본금을 모금하는 것이다. 프로그램이 다양화되고, 전문화됨에 따라 특수화된 장비 및 시설이 필요한 사례가 증가하고 있다. 이러한 장비 및 시설을 갖춘 사회복지서비스 조직은 거의 없기 때문에 외부자원을 통해 해결해야 한다.

5) 프로그램 서비스 품질 관리

최근 프로그램을 관리하는 기관들에 주어진 과제는 이전과 다르다. 서비스의 시장화 경향에서 나타난 것처럼, 이용자로서의 소비자가 곧 자원을 소유하거나 적어도 선택권을 행사하는 권한이 확대되고 있다. 이 과정에서 소비자의 서비스 품질에 대한 체감 정도가 서비스 제공기관과 프로그램의 생존을 좌우할 수 있는 수준까지 확대되고 있다.

여태껏 프로그램들이 서비스 품질에 대해 관심을 가지지 않았던 적은 없다. 다만, 이제까지는 서비스 품질에 대한 기준을 공급자가 주로 소유해 왔다면, 현재의 소비자 시장 상황에서는 이용자의 판단 기준을 중시할 수밖에 없다는 점이 다르다. 공급자 기준에서는 '최저 수준' 이상의 서비스 품질이 무엇인지를 규명하려 한다면 이용자 기준에서는 이용자의 서비스 경험에 대한 만족도 수준의 서비스 품질이 중요하게 된다.

경쟁적 시장 환경에서는 서비스 품질이 프로그램의 생존을 좌우할 만큼의 핵심적인 사안이 된다. 그러므로 프로그램의 관리에서 서비스 품질을 적절히 다룰 수 있는 실행 지식의 중요성이 그만큼 중요해졌다. 서비스 생산기관 혹은 프로그램의 관점에서 서비스 품질을 관리하는 방법으로는 TQM 접근이 대표적으로 제시된다(김영종, 2012).

(1) TQM의 개념

TQM(Total Quality Management; 총체적 품질경영)은 비교적 최근에 나타난 관리 기법으로, 전일적 경영 패러다임이다. 휴먼서비스 분야가 시장 환경에 놓이게 되면서 프로그램들로서는 자원 확보에 따른 경쟁 심화와 함께 고객 기대에 부응해야 하는 것이 중심적 과제로 등장하고 있다. 이런 상황에서 프로그램의 관리에 TQM 기법을 활용하려는 관심이 높아지고 있다.

전형적인 프로그램 관리 기법들이 '생산성'에 초점을 맞추었다면, TQM은 '품질'을 조직이나 프로그램 실행에서 최우선에 둔다. 서비스 품질을 중심으로 사회복지서비스 조직의 문화와 업무 과정 전반을 모두 전환의 대상으로 두는 것이다. TQM은 원래 영리조직의 경영에서 비롯되었지만, 비영리기관 조직들에게도 적용이 가능한 것으로 여겨지고 있다(Hawkins & Gunther, 1998, 김영종, 2013 재인용).

TQM의 실행에는 '의식-일깨우기' 과정이 중요하게 여겨진다. 품질이 낮은 서비스가 프로그램과 조직에 어떤 손해를 끼치는지가 구성원들 간에 공유되고, 서비스 품질을 높이기 위해 관리자들이 헌신하려는 자세가 요구된다. 조직 변화의 필요성이 강조되고 모든 직원들이 교육 훈련의 필요성을 인식하고, 문제 해결을 위해서는 '팀 노력'을 통한 지속적 개선 사이클에 들어가야 한다는 인식이 조직 전반에 자리 잡아야 한다.

(2) TQM 과정과 기술

TQM이란 일련의 과정적 실천으로, 지속적인 품질 개선을 강조하는 것이다. 이를 위해 '클라이언트에 대한 초점', '사실에 기반을 둔 의사결정', '팀워크'를 초석으로 삼는다. 팀워크 접근으로 조직 전반의 서비스 생산과정을 지속적으로 모니터링하면서, 이를 토대로 서비스 품질 개선을 위한 활동을 수행하면, 그 결과 클라이언트의 만족도를 확보할 수 있다고 본다. TQM 과정에서는 클라이언트에 대한 초점을 중시한다.

서비스 품질에서 고객은 이용자, 즉 클라이언트에 한정되지 않고, 외부 및 내부, 궁극적 고객이라는 세 가지 부류로 폭넓게 간주된다. 외부 고객은 개인 및 집단 클라이언트, 자금제공자, 법/ 행정 기관, 인증기관 등이 모두 이에 해당한다. 내부 고객이란 기관에 고용된 유급 혹은 무급 자원 직원으로 서비스 전달에 관여된 사람들을 말한다. 궁극적 고객이란 지역사회나 일반사회 전체로 간주된다(Hawkins & Gunther, 1998, 김영종, 2013 재인용).

그림은 TQM 접근에 의거한 휴먼서비스 관리 체계도의 한 모형을 제시하는 것이다. 이는 TQM의 단계별 흐름도를 나타낸다.

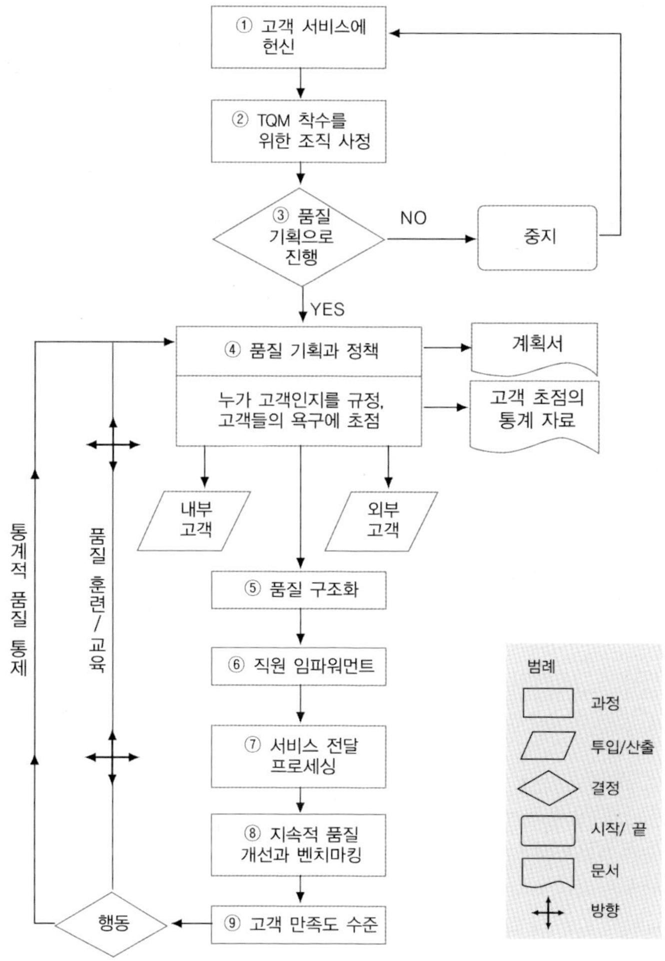

┃그림 9-3┃ TQM의 흐름도 모형

참고 : Gunther, J., & Hawkins, F.(1996). Total Quality Management in Human Service Organizations. NY : Springer, p. 20, (Hawkins, F., & Gunther, J.(1998). Managing for quality. In Edwards, Yankey, & Altpeter(eds.), Skills For Effective Management of Nonprofit Organizations. Washington, D.C. : NASW, p. 530). 재참고.

chapter

10 프로그램의 평가

프로그램의 평가는 프로그램의 기획과 실행이 효과적이었는지, 즉 의도한 결과가 잘 성취되었는지를 확인하는 절차이다. 프로그램의 평가는 프로그램 개발의 각 단계에 해당하는 프로그램의 기획 및 설계와 실행이 올바로 이루어졌고, 소기의 성과가 달성되었는지를 확인하는 절차와 과정에 해당된다. 실제로 프로그램 관리자는 프로그램의 목적이 달성되었는지, 프로그램의 참여자인 클라이언트가 변화되었는지, 클라이언트는 현재의 서비스에 만족하는지, 이번에 적용한 개입방법은 과거의 것보다 효과적이었는지 등과 같은 질문에 봉착하고 이러한 질문에 적절한 해답을 구하기 위해서도 프로그램 평가는 피할 수 없다(황성철, 2005).

프로그램에서의 평가는 매우 중요하다. 평가는 전문적 실천에 대한 내재적 타당성을 확보하기 위해서도 중요하지만, 사회적 자원을 할당받은 프로그램들로서는 사회적 책임성을 제시하는 의무와도 직결되어 있다. 프로그램에 있어 평가란 일종의 내・외부적인 성찰의 기제와도 같다(김영종, 2013).

사회복지서비스 조직들은 그 특성상 항상 외부환경의 영향을 받게 마련이다. 그중에서도 서구 복지국가에서 사회복지분야의 책무성 위기가 제기된 가장 직접적인 요인은 사회복지 비용의 증가이다. 사회문제를 해결하기 위한 비용이 엄청나게 증가하면서 주민과 국민들의 세금부담이 늘어나고 정치인들은 유권자들을 의식하여 사회복지예산을 삭감하려는 시도를 하게 되었다. 그리하여 사회복지서비스 조직들에게 프로그램의 효율성과 효과성을 보여주는 증거를 제시할 것을 요구하게 되었다(정무성・정진모, 2001).

따라서 본 장에서는 프로그램 평가의 개념, 기준, 유형을 먼저 살펴보고, 다음으로 프로그램 평가의 절차와 문제점에 대해 알아보고자 한다(김영종, 2013; 양정하 외, 2011; 이민홍 · 정병오, 2012; 표갑수 외, 2013).

1. 프로그램 평가에 대한 이해

1) 프로그램 평가의 개념 및 필요성

평가에 대한 정의는 시대마다, 나라마다, 학자마다 다양하게 제시되어 왔다. 평가의 사전적 정의는 '사물 또는 그 속성에 대한 가치판단'을 의미한다. 어떤 사물 혹은 그 속성에 대한 가치판단을 하자면 반드시 판단의 준거, 또는 표준이 존재해야 한다(정무성, 2005). 사회복지분야에서의 평가란 프로그램의 기획, 실행 및 성과 등 제반 활동을 체계적으로 가치 판단하는 것을 말한다. 이러한 평가를 거쳐 프로그램의 효과성을 체계적으로 조사하기 위해 사회복지조사방법론의 방법과 절차가 동원된다.

프로그램에 대한 평가가 반드시 필요한 이유는 다음과 같다(Patti, 1983, 김영종, 2013 재인용).

(1) 관리통제

프로그램의 관리통제에 필요한 정보는 체계적 평가를 통해 생산된다. 관리통제는 '관리자가 조직의 목표 성취를 위해 자원이 효과적으로 획득, 사용되고 있는지를 확인하는 과정'이다(Anthony & Herzlinger, 1975). 프로그램이 기획과 기준에 따라 실행되고 있는지를 파악하고, 문제가 있으면 수정, 복구하는 활동까지도 이에 포함된다(Robbins, 1980). 여기에는 예산편성이나 생산성 지표, 구성원의 근무상태 등의 일상적 관리 정보에서부터, 표적 인구의 서비스 욕구 추세, 프로그램 실행을 위한 자원의 동향, 서비스 품질과 성과목표 성취 등과 같은 장기적 경영 정보에 이르기까지 다양한 정보들이 필요하다.

(2) 규정준수/ 책임성

프로그램과 관련된 법이나 규제, 절차 등을 준수하고 있는지, 상부나 외부로부터 요구되는 적정 수준의 성과를 도출하고 있는지 등을 판단할 수 있다. 책임성과 규정준수에 관련된 정보는 대개 클라이언트의 상태, 제공된 서비스의 양과 질, 프로그램의 생산물이나 비용 지출 등과 관련된 체계적 평가 자료들에서 도출된다.

(3) 서비스 인력에 대한 피드백

현장 인력이 자신들의 실천활동을 되돌아보게 하는 피드백 기능을 한다. 서비스 인력들은 평가 정보로부터 자기 성찰의 계기를 마련하고 자신들에게 필요한 교육 훈련이 어떤 것인지도 알게 된다. 프로그램 관리자는 평가 정보를 활용해서 인력 배치에 관한 판단이나 슈퍼비전 등의 목적에 사용할 수 있다.

(4) 서비스 혁신

서비스의 변화나 개선에 대한 필요성을 부각시키는 데 쓰일 수 있다. 체계적이고 의도적인 평가를 통해 클라이언트나 잠재적 이용자 집단의 변화, 서비스 기술들의 비교 우위, 서비스 제공에서 발생하는 미충족 욕구나 만족도 수준 등에 관한 정보를 도출할 수 있다. 이들은 프로그램에 새로운 서비스 방식의 혁신이 필요함을 제기하는 근거로서 중요하다.

(5) 대외관계

프로그램의 성과를 외부 사회에 알리는 데 사용된다. 외부로부터의 부당한 비난에 대해 방어하거나, 적극적 지지를 이끌어 내는 데도 체계적 평가를 통해 도출된 정보가 필요하다. 평가 정보들은 연례보고서나 소책자, 언론홍보물, 정규 소식지, 발표회, 홈페이지, SNS 방식 등의 다양한 방법으로 배포될 수 있다.

프로그램 평가에서는 설정된 프로그램의 목적과 목표를 달성하기 위해 선정, 조직된 내용(활동)을 매개로 클라이언트가 실제로 행동변화를 성취하는 실행과정과 그 최종성과를 검증하게 된다. 여기에는 ① 프로그램의 목적과 목표의 달성을 위한 과업실천 과정을 평가하는 '과정평가'와, ② 프로그램의 실행을 통하여 얻어진 최종성과를 그 목적과 목표의 달성도의 관점에서 확인하는 효과성 및 그 운영에 투입된 비용에 대비하여 얻어진 성과를 확인하는 효율성을 밝히는 '성과평가' 등이 있다. 이렇게 본다면 프로그램 평가는 사회복지서비스 조직 전체 또는 기관이 운영하는 프로그램의 효과성과 효율성을 철저하게, 그리고 비판적으로 검토하는 과정이라고 할 수 있다(김형식, 1999).

2. 프로그램 평가의 기준

평가의 기준이란 평가를 위한 척도를 의미한다. 또한 프로그램의 어느 측면을 평가의 대상으로 삼아야 할 것인가에 대한 것을 말하며, 프로그램의 성패를 판단하기 위해서 프로그램의 어느 측면을 평가의 초점 내지는 대상으로 삼아야 할 것인가에 대한 기준을 말한다. 평가의 기준을 요크(York, 1982)는 노력, 효율성, 효과성, 영향, 서비스 품질, 과정, 형평성의 일곱 가지로 제시하고 있다.

1) 노 력

가장 흔하게 사용되는 평가기준이다. 프로그램 투입의 양과 질을 의미하는 기준으로서 프로그램을 추진하는 기관이 얼마나 많은 활동을 했고 서비스를 제공했는가 하는 프로그램의 산출(활동의 양)을 말한다. 다양한 프로그램 활동들을 대변하는 각각의 변수들을 요약하는 축약적 의미를 지닌 수치, 즉 프로그램에 대한 참여도, 수행된 활동들의 양이나 질, 투입된 자원의 정도 등의 자료들로 구체화되며 노력평가는 목표 구조 중 활동목표와 관련이 있다.

2) 효율성

효율성은 시스템의 투입과 산출에 대한 분석을 다루는 것으로서 여기에서의 강조점은 최대의 효율성이다. 즉, 특정 투입수준에서 최대의 유용한 산출 획득으로 어떤 고정된 자원 내에서 최대의 결과를 얻는다면 측면과 특정의 결과를 얻기 위하여 가능한 한 최소한의 자원을 사용한다는 측면으로 생각할 수 있다. 노력, 실행 및 적절성 간의 상호관계를 말하며, 프로그램 수행과 적합성으로 최대화하면서도 노력 또는 비용을 최소화하는 전략을 분석해서 측정할 수 있다. 효율성은 비용(자금, 시간, 인원 등) 사용에 대한 대안을 평가해 보는 것이다. 다시 말하자면, 노력과 수행 간의 비율 또는 투입을 지출로 나누어 보는 것으로 단위당 얼마의 비용이 들었는가를 계산해 프로그램의 능률성을 측정하는 것이다.

3) 효과성

목표달성과 프로그램 노력과의 인과관계를 설명하고 프로그램이 성과가 있었는지에 관한 정보를 얻기 위한 것이다. 성과를 나타내는 자료들은 직접적 자료(대상자에 대한 의도된 성과)와 간접적 자료(클라이언트의 서비스 참여도, 만족도 등) 두 가지로 분류할 수 있다.

4) 영 향

주로 프로그램 기획의 단계에서 검토되는 것으로 하나의 프로그램이 주어진 목표에 대해 특정한 성과를 나타내고 있다면 그것이 원래 의도했던 폭넓은 사회문제의 해결에는 어느 정도의 영향을 미쳤는지 파악한다.

5) 서비스 품질

품질 관점은 투입과 관련하여 질적인 산출물을 최대화하는 것을 말한다. 서비스의 품질이 얼마나 우수한가 하는 평가는 제공된 서비스의 내용 자체보다도, 서비스 제공자의 자격이나 서비스 제공 형식이 전문기준에 맞는가를 진단하는 데 초점이 맞추어진다. TQM에 따르면 생산성은 높은 품질의 프로그램이 제공될 때 증가하고, 낮은 수준의 서비스가 제공될 때 감소한다는 것이다. 서비스 품질을 평가하는 방법은 동료 리뷰, 이용자 만족도 조사, 단일사례분석 그리고 대외적 근거자료 등이 있다. 예를 들면, 프로그램에서 높은 수준의 서비스는 시행착오의 감소, 과정시간의 단축, 재원의 증가, 이용자의 만족도 향상, 비용 감소, 지역사회로부터의 이미지 개선 등의 결과를 가져온다는 것이다.

6) 과 정

한 프로그램의 성공이나 실패에 대한 이유를 밝히려는 것이며, 노력이 산출로 옮겨지는 중간과정 또는 절차를 말하는데, 프로그램 결과의 경로를 의미한다. 과정평가에서는 프로그램 효과를 결정하는 요인들을 식별하고, 수혜자 집단별로 효과성을 분석하며, 최적의 프로그램 기능을 가능케 하는 기관의 배경 및 상황적 요인들을 식별하고, 프로그램 효과의 범위와 정도를 측정하는 작업을 한다.

7) 형평성

급여(혹은 서비스)가 인구집단에 공평하게 배분되었는지를 의미하며, 작은 지역사회 차원의 프로그램보다 국가단위의 거시적인 전국적 프로그램에 많이 적용된다. 왜냐하면 '공정한 몫'에 대한 정치적 주장을 펴는 경우가 많기 때문이며, 정책이나 기획 차원의 평가 등에서 주로 검토된다.

형평성 기준은 프로그램의 혜택과 서비스가 대상 집단 내에 공평하게 잘 배분이 되었는가를 살펴보는 것이다. 동일한 적용 여부는 항상 합리적일 수는 없지만 때로는 현실적인 기준이 된다.

3. 프로그램 평가의 유형

프로그램 평가의 유형은 평가목적, 평가방법, 평가주체, 평가단위 등에 따라 여러 유형으로 구분할 수 있다. 평가의 목적에 따라서는 형성평가와 총괄평가, 평가방법으로는 양적 평가와 질적 평가, 평가주체로는 내부평가와 외부평가, 평가단위로는 적합성 평가와 메타평가 등으로 나눌 수 있다(이민홍 · 정병오, 2012).

1) 형성평가와 총괄평가

평가목적에 따른 형성평가와 총괄평가의 구분은 스크리븐(Scriven, 1967)에 의해 처음으로 시도되었다. 이는 현재까지 사회복지 실천현장 및 연구에서 가장 보편적으로 활용하는 평가유형이다. 형성평가는 프로그램 진행 도중에 수행되기 때문에 과정평가라고도 한다. 또한 총괄평가는 프로그램이 종료된 시점에서 수행되기 때문에 결과평가라고도 불린다.

(1) 형성평가

형성평가는 프로그램을 운영하는 도중에 수행되는 평가로서 프로그램을 진행하는 과정에서 도출되는 문제점을 발견하여 프로그램의 수정, 보완을 목적으로 이루어지는 평가조사이다(황성철, 2005). 이 평가는 프로그램 실행 중간에 프로그램의 운영 및 활동을 분석함으로써 중요한 두 가지 역할을 하게 된다. 첫째, 프로그램이 원래 계획한대로 수행되고 있는지를 분석하여 향후 프로그램 운영전략을 수립하고 프로그램의 중단, 축소, 유지 및 확대 여부를 결정하는 데 필요한 정보를 제공한다. 둘째, 프로그램이 의도한 효과나 예상치 못한 긍정적 및 부정적 부수효과 등이 발생한 경로를 파악함으로써 총괄평가를 보완하는 기능을 수행한다(황성철 외, 2003).

프로그램에 대한 형성평가의 첫 번째 기능을 운영과정평가라고 한다. 운영과정평가에서는 활동을 계획에 근거하여 확인하며, 활동에 영향을 미치는 절차와 자원, 서비스 전달, 프로그램의 대상 영역을 점검한다. 구체적으로 다음과 같은 내용들을 파악한다(성규탁, 1994; 황성철 외, 2003).

- 원래 운영계획대로 활동들이 이루어졌는가?
- 계획된 인적 및 물적 자원이 양적 · 질적인 측면에서 의도대로 계획된 시간에 투입되었는가?
- 원래 의도한 프로그램 대상집단을 상대로 실시되었는가?
- 관련된 법규나 규정에 순응하였는가?

또한 형성평가의 두 번째 기능은 프로그램의 효과를 결과로 하고 프로그램을 원인으로 설정하여 인과관계와 개입에 영향을 미치는 매개변수나 외생변수를 파악하고자 하는 것을 의미한다. 일반적으로 형성평가의 두 번째 기능을 협의적 형성평가로 부르며, 주로 다음과 같은 내용을 파악한다(성규탁, 1994; 황성철 외, 2003).

- 프로그램 효과는 어떠한 경로를 거쳐서 발생하게 되었는가?
- 프로그램 효과가 발생하지 않은 경우 어떤 경로에 잘못이 있었는가?
- 프로그램 효과에 보다 강한 영향을 미치는 경로는 없었는가?

(2) 총괄평가

총괄평가는 프로그램이 종결된 이후 프로그램의 결과를 평가하여 프로그램의 성과와 영향을 파악하기 위해 수행된다. 프로그램의 성과와 영향은 대체로 프로그램의 표적집단에 어떠한 변화가 일어났는지와 투입한 비용에 비해 가져온 성과의 크기로 평가된다. 총괄평가는 목적에 따라서 다시 효과성 평가와 효율성 평가로 구분하여 실행된다. 효과성 평가는 프로그램이 원래 의도했던 목표를 달성했는지에 초점을 두어 수행되고, 효율성 평가는 프로그램 성과와 프로그램 비용을 함께 고려하여 평가하게 된다(성규탁, 1994; 황성철 외, 2003). 구체적으로 효과성 및 효율성을 평가하는 내용은 다음과 같다.

① 효과성

- 의도했던 프로그램의 효과가 과연 프로그램으로 인해 발생하였는가?
- 프로그램을 통해 얻어진 효과는 프로그램 목표와 대비하여 어느 정도 달

성되었는가?

- 프로그램 효과의 크기는 해결하고자 했던 사회문제나 욕구를 해결하는 데 충분한가?

② 효율성

- 프로그램을 위한 직접적 비용은 얼마인가?
- 부작용이나 사회적 충격을 포함한 사회적 비용은 얼마인가?
- 프로그램 효과는 비용을 상쇄할 만큼 큰 것인가?

〈표 10-1〉 **형성평가와 총괄평가의 비교**

구 분	형성평가	총괄평가
목 적	가치와 질을 결정	가치와 질을 결정
용 도	프로그램 수정, 보완 및 개발	프로그램의 확산 및 종결 등의 향후 계획 결정
이해관계자 (audience)	프로그램 관리자, 수행인력	기관책임자, 정부, 재원공급자, 잠재적 이용자
수행 주체	주로 내부평가자 활용	주로 외부평가자 활용
	외부평가자의 지원	내부평가자의 지원
주요 특징	프로그램의 향상을 위한 피드백 제공	의사결정자가 프로그램 지속 여부를 결정하거나 클라이언트가 프로그램 참여를 결정하기 위한 정보 제공
설계 제약 조건	어떠한 정보가 필요한지? 언제?	주요 의사결정을 위해 어떠한 증거가 있는지?
자료수집의 목적	진단	판정
자료수집 빈도	자주(frequent)	빈번하지 않음(infrequent)
샘플 크기	종종 소규모(often small)	일반적으로 대규모(usually large)
주요 질문	• 무엇이 수행되었는가? • 향상을 위해서 무엇이 필요한가? • 어떻게 향상될 수 있는가?	• 프로그램 결과는 무엇인가? • 누가 수행했는가? • 조건(상황)은 어떠하였는가? • 어떠한 교육이 수행되었는가? • 비용은 얼마나 들었는가?

출처 : Fitzpatrick, Sanders, & Worthen(2004), p. 20.

2) 양적 평가와 질적 평가

프로그램 평가를 위한 연구방법에 따라 질적 연구와 양적 연구로 구분할 수 있는데, 평가조사를 통해 수집되는 자료의 성격과 조사방법에 따라 구분하게 된다. 질적 평가는 수량화하지 않은 자연스러운 상황에 대한 관찰이나 면접을 통해 귀납적으로 자료를 획득하고 분석하는 평가방법을 말한다. 반면 양적 평가는 평가를 위해 수집되는 자료가 주로 계량화되고, 실험조사와 같은 조사설계를 통해 객관적 자료가 연역적으로 분석되는 평가방법을 뜻한다(황성철, 2005).

구체적으로 질적 연구는 연구목적에 적합한 개별화된 집단이나 개인에서 나타나는 내·외면적 인간행위와 상호작용 그리고 그 흐름과 총체적 증거에 대해 심도 있는 통찰을 활용하여 객관적인 관찰기록 또는 세부묘사를 추구하는 연구방법을 활용하여 프로그램 평가를 수행한다. 양적 연구는 샘플집단을 대상으로 척도를 활용한 설문지나 계량화된 측정기준을 사용하여 조사하거나 수립된 수량적 결과들에 대하여 통계적 이론을 기반으로 하여 결과를 기술하고 가설을 검증하여 모집단의 특성을 추구하는 연구방법을 프로그램 평가에 적용한다(우수명, 2004).

〈표 10-2〉 질적 연구와 양적 연구의 특성 비교

목 적		질적 연구	양적 연구
연구 특성		현상, 인간행위와 상호작용 중심 기술과 묘사, 이미지 분석, 재해석 등	수량화된 자료 및 통계결과 중심 기술 통계 및 추리통계 활용
정보의 획득 수준	연구영역	정성적 정보, 다의적이고 깊은 수준의 정보 획득 가능, 계량화하기 어려운 매우 광범위하고 무제한적으로 모든 영역의 연구가 가능	정량적, 계량화 가능성에 따라 연구의 영역이 결정됨. 추상적 영역을 계량화하므로 오차가 상대적으로 더 커지고, 표면적 수준의 정보를 얻게 됨
	체감성	실제 사례와 관찰의 세부 묘사 및 이미지를 이용하여 체감성이 높음	수량적·통계적으로 제시되므로 체감성이 낮음
	객관성	사례중심이며, 객관성/ 일반화의 확보가 상대적으로 어려움	확률표집 등 객관성/ 일반화의 확보가 상대적으로 용이함

정보의 획득 수준	보편성	비교적 개별적이고, 고유한 단위적 성향의 정보를 제공함	비교적 광범위하고, 보편적이며 일반적인 성향의 정보를 제공함
	정보가치	수량화할 수 없는 상호작용, 내면적·추상적 영역을 표현하는 데 강점이 있음	광범위하고 수량화할 수 있는 영역을 표현하는 데 강점이 있음
정보의 분석 수준	분석방법	기술된 결과에 대한 다양한 각도와 관점에서 (재)해석, 설명(label) 붙이기, 이미지의 분석 등이 가능	계량화된 통계결과에 의한 수동적 해석과 의미 부여
	통계기법	제한적 통계기법 적용 : 이 경우도 대체로 수량화해야 함. 통계 프로그램에 따라 관계망, 밀도 등 조사 가능	다양한 통계기법 적용 : 척도의 수준 및 인과관계에 따라 매우 다양한 통계기법 및 프로그램 활용 가능
	변수의 통제	거의 불가능하나 상황적으로 해석이나 의미부여 가능	통계적 통제가 가능함. 인구사회학적 특성별이나 별도의 조건별 통제 가능
	가설검증	대체로 어려우며, 사례로 의의가 있음	가설검증이 용이함
	모집단 추정	매우 어렵거나 불가능함	확률표집일 경우, 표본 수가 적절하면 충분히 가능
	해석과 이해	추상, 관념, 의미부여 및 해석 등이 가능하며, 연구자의 가치 및 주관적 관여가 용이	수량적 해석이 가능하며, 연구자의 가치 및 주관적 관여가 어렵거나 불가능
평가에 응용		개별·집단 상담, PASSING, SWOT, 품질평가, 프로그램의 수행과정 평가 등 파급효과나 프로그램의 보이지 않는 맥락에 따른 총체적 해석 및 의미부여와 같이 계량화가 어려운 영역 평가	성과·산출, 품질평가 중 만족도 평가, PASSING의 점수에 대한 분석 등 수량화된 기준을 충족시키는 영역의 평가

출처 : 우수명(2004), p. 216 <표 6-1> 참고.

3) 내부평가와 외부평가

프로그램 평가의 주체가 누구인가에 따라 내부평가와 외부평가로 구분할 수 있다. 내부평가는 평가가 프로그램을 직접 실행하는 사람에 의해서 이루어지고, 외부평가는 외부인에 의해서 평가를 수행하게 된다(김통원, 2009). 일반적으로 내부평가는 사회복지서비스 조직의 관리자, 프로그램 관리자, 프로그램 수행인력 등 조직 내의 구성원에 의해서 이루어지며, 조직이나 프로그램 운영의 과정이나 결과에 대한 자기반성적 평가의 성격을 가져 프로그램을 개선하려는 목적으로 사용된다(황성철 외, 2003; 황성철, 2005). 반면 외부평가는 프로그램을 수행하는 조직의 구성원이 아닌 기관 밖의 전문가가 컨설턴트로서 수행하며 조직운영이나 프로그램의 개선을 목표로 한다(황성철, 2005). 워던(Worthen, 1987)은 외부평가와 내부평가의 장단점을 표와 같이 제시하였다(김통원, 2009 재인용).

〈표 10-3〉 **내부평가와 외부평가의 장단점 비교**

장단점	내부평가	외부평가
장 점	• 내부평가자는 외부평가자보다 더 많은 내용을 파악할 수 있음 • 내부평가자는 중요한 전후 맥락과 상황에 대한 정보를 알 수 있음	• 외부평가자는 프로그램의 재정과 행정을 독립시켜 연구의 신뢰성을 확보할 수 있음. 재정과 행정에 누가 관여하고 있느냐에 따라 평가의 결과가 결정됨 • 외부평가자들은 전문가로 구성되는 경우가 많아 평가의 신뢰성을 확보할 수 있음
단 점	• 내부평가자는 외부평가자보다 프로그램을 객관적이고 공정하게 평가하기 어려움 • 내부평가자는 프로그램의 세부적인 상황들을 잘 파악할 수 있지만, 비판적으로 분석하기 어려움	• 외부평가자는 프로그램에 대해 내부평가자보다 많이 알지 못하며, 질적이라기보다는 양적인 측면만을 아는 경우가 많음 • 외부평가자도 기관의 관리자나 직원과 사전에 친분관계가 있을 수 있어 객관성과 신뢰성이 보장되지 않을 수 있음 • 외부평가자도 평가가 클라이언트에게 만족을 주길 희망하여, 긍정적으로 평가를 수행할 수 있음

4) 적합성 평가와 메타평가

프로그램 평가의 분석단위에 따라서 적합성 평가와 메타평가로 구분한다. 적합성 평가는 하나의 프로그램이 의도한 목적을 달성했는지에 초점을 두고 평가를 한다. 메타평가는 동일목적을 위해 수행된 다수 프로그램들의 평가결과를 활용하여 평가를 한다. 메타평가는 메타분석을 활용하여 프로그램을 평가하게 되는데, 메타분석은 일반적으로 분석들의 분석을 의미한다. 예를 들어, 우울 증상을 완화하기 위한 목적으로 수행된 프로그램들의 결과지표를 분석하여, 우울 관련 프로그램의 전반적인 효과성을 보여주고 확인할 수 있다. 또한 프로그램 대상이나 특성별로 어떤 조건에서 눈에 띄는 효율성을 보이는지도 발견할 수 있다(이상균, 2000).

4. 프로그램 평가의 절차

프로그램 평가는 획일적인 과정을 거치기보다는 평가방법에 따라 각각 다른 단계와 절차를 거치면서 실행된다. 대표적으로 요크(York, 1982)는 프로그램 평가의 절차를 여섯 단계로 나누었는데, 평가기준의 선정, 평가조사의 설계, 자료수집, 결과분석, 평가의 잠재성과 한계 순이다. 성규탁(1998)은 평가목적의 확인, 결정, 프로그램의 목표, 운영방법 및 구조의 파악을 통한 평가대상의 확정, 평가방법의 결정, 평가자료의 수집과 분석, 평가결과의 보고 등을 평가절차로 제시하였다. 김영숙 등(2002)은 평가 근거와 목적의 확인, 평가준거의 설정, 평가활동의 기획, 평가자료 수집계획의 수립, 평가자료 수집활동의 전개, 평가결과의 분석과 판단, 평가결과의 보고 등의 일곱 단계로 구성된 평가절차를 발표하였다.

프로그램 평가는 원래 평가조사를 의미하기 때문에 일반적 조사방법의 절차를 활용하여 수행한다. 일반조사는 조사나 연구 문제의 규정, 조사설계, 자료 수집과 분석, 조사결과의 해석과 보고서 작성 등의 순서로 진행된다. 프로그램 평가의 경우 목적과 목표 달성의 여부에 초점을 두고 프로그램 개발과 관련된 중요한 의사결정의 근거자료를 확보하는 것을 강조한다는 측면에서 일반조사와 차이가 있다고 지적하였다. 특히 프로그램 평가의 절차로 평가기획 및 설계 단계, 자료 수집과 분석 단계, 결과 판단 및 활용 단계 등의 세 가지로 구분하였다(이민홍 · 정병오, 2012).

1) 평가 기획 및 설계 단계

평가 기획 및 설계 단계에서 수행해야 하는 주요 과업은 평가의 목적 확인, 평가의 대상과 범위 설정, 평가 방법과 도구 결정, 평가 절차와 일정 확정 등이다. 가장 먼저 수행하게 되는 절차는 평가목적의 확인이다. 평가목적의 확인에서는 누가 어떤 이유로 평가를 필요로 하고, 평가를 통해 어떤 목적을 달성하려고 하는지에 대해 검토해야 한다(김영숙 외, 2002). 평가목적을 명료화해야만 평가활동의 방향과 내용을 구체적으로 설정할 수 있게 된다. 평가목적이 설정된 이후에 평가기획 단계에서 평가의 대상, 범위, 평가 방법, 도구, 절차, 일정 등에 대한 상세한 계획을 수립할 수 있게 된다.

평가의 대상과 범위 설정에서는 프로그램을 평가할 것인지 아니면 몇 개의 프로그램들로 구성된 집합체를 평가할 것인지를 결정하게 된다. 평가의 방법에서는 질적 평가와 양적 평가 중에서 평가의 목적과 알맞은 방법을 선택하게 되고, 이에 따라 평가도구도 결정된다. 일반적으로 양적 평가 방법이 주로 사용되어 왔지만, 최근 들어서는 양적 방법과 질적 방법을 혼합하여 사용하는 평가방법이 선호되고 있다. 구체적인 양적 평가를 위한 연구설계로는 실험설계, 유사실험설계, 전실험설계, 단일사례설계 등이 적용되고, 질적 평가를 위한 연구설계로는 내용분석과 사례분석 등이 사용된다.

2) 자료 수집 및 분석 단계

첫 번째 단계를 거쳐 평가의 목적, 범위, 대상, 조사방법, 도구, 일정 등이 결정되면, 그 다음은 자료 수집과 분석이 수행된다. 자료 수집 및 분석 단계의 주요 과업은 자료의 출처 확인과 선정, 지표의 정리 및 선정, 자료수집 방법에 따른 체계적 수집, 적절한 분석방법과 기법의 활용, 평가결과의 종합 정리 등이다. 자료수집에서는 평가목적에 부합한 자료와 성과에 관한 지표를 체계적으로 수집해야 한다. 평가목적에 따라 양적(설문지 등) 및 질적 자료수집 방법(면접, 관찰, 기록지 등)을 활용하여 자료를 수집하고, 분석하게 된다(황성철, 2005).

3) 결과 판단 및 활용 단계

프로그램 평가의 마지막 절차에서는 결과 판단과 활용을 수행하게 된다. 주요 과업은 평가결과의 추론과 가치판단, 평가보고서의 작성과 제출, 평가결과의 활용이다. 자료수집과 분석을 통해 도출되는 것이 평가결과이다. 평가에서는 사실의 발견도 중요한 의미를 갖지만, 종합적 판단을 한다는 데 주안점을 둔다. 김영숙 등(2002)은 프로그램 내용, 기대수준, 프로그램 실행 과정과 결과 등을 고려하여 수집하고 분석한 자료를 토대로 하여 평가적 판단을 내림으로써 평가목적을 달성할 수 있다고 하였다. 황성철(2005)은 평가보고서의 작성과 제출에서 평가결과의 정리와 종합적 판단, 그리고 정책제언이 포함되어야 한다고 하였다. 평가보고서의 작성과 제출은 향후 평가결과를 활용하는 데 중요한 자료로 활용될 것이다.

〈표 10-4〉 **프로그램 평가의 절차와 주요 과업**

단 계	주요 과업
1. 평가 기획 및 설계 단계	• 평가의 목적 확인 • 평가의 대상과 범위 설정 • 평가 방법과 도구 결정 • 평가 절차와 일정 확정
2. 자료 수집 및 분석 단계	• 자료의 출처 확인과 선정 • 지표의 정리 및 선정 • 자료수집 방법에 따른 체계적 수집 • 적절한 분석방법과 기법의 활용 • 평가결과의 종합 정리
3. 결과 판단 및 활용 단계	• 평가결과의 추론과 가치판단 • 평가보고서의 작성과 제출 • 평가결과의 활용

출처 : 황성철 · 정무성 · 강철희 · 최재성(2003), p. 305.

5. 프로그램 평가의 문제점

1) 프로그램 평가에 대한 역기능적 태도

사회복지서비스 조직의 프로그램 평가는 심리사회적 요인과 정치사회적 요인이 영향을 미치기 때문에 프로그램 평가를 책임진 사람은 이러한 요인을 파악하고 당사자 사이에 발생되는 오해와 갈등이 존재할 때는 이에 대처해야 한다(황성철, 2005). 특히 프로그램 평가를 수행하는 과정에서 평가와 관련된 이해관계가 있는 당사자의 평가에 대한 태도로 인해 여러 가지 역기능적 요소가 발생할 수 있다(Posavac & Carey, 1997). 평가에 대한 역기능적 태도의 근원에 대한 파악은 프로그램 평가를 수행하기 위해 고려해야 할 사항이다. 황성철(2005)은 포사박과 캐리(Posavac & Carey, 1997)가 제시한 프로그램 평가에 대한 역기능적 요소를 다음과 같이 구체적으로 설명하였다.

첫째, 프로그램 관리자 및 담당자가 프로그램에 대해 과도한 효과성을 기대한다. 사회복지 실천현장에서 프로그램 관리자 및 사회복지사들은 자신이 담당하는 프로그램에 대해서 큰 자부심을 갖고 때로는 그 프로그램이 상당한 효과를 발휘한다고 믿는 경향을 보인다. 프로그램에 대한 지원은 기본적으로 기존 프로그램과 차별성을 갖추고 있어야 가능하기 때문에 새로운 프로그램을 수행하는 경우에 효과성을 과도하게 기대하게 된다. 하지만 프로그램에 대한 자체평가 결과 프로그램의 효과성이 크지 않고, 기존 프로그램과 차이가 없는 경우가 많기 때문에 지나친 기대는 자제해야 한다.

둘째, 프로그램에 대한 평가가 전문직의 가치훼손을 가져온다고 보는 인식이다. 사회복지사는 전문가로서 실천현장에서 자율성과 독립성을 강력히 요구한다. 이로 인해 전문가가 제공하는 실천 내용과 관련하여 클라이언트 및 외부관계자로부터 받는 평가는 전문적 가치를 훼손시킨다고 받아들일 수 있다. 사회복지사가 프로그램을 위해 활용하는 지식, 기술, 가치 등은 전문가로서 경험이나 직관에서 나오기 때문에 이에 대해 평가하는 것은 문제가 있으며 평가 결과에 대해서도 무시하는 태도를 보일 수 있다. 하지만 프로그램 평가가 환류를 통해 서비스 품질의 관리에도 중요한 역할을 하기 때문에 사회복지사가 이러한 태도를 가질 경우에 평가는 의미가 없게 될 것이다.

셋째, 프로그램 진행상의 방해와 클라이언트 보호 측면에서 평가에 대해 부정적 태도를 가질 수 있다. 프로그램 평가는 크게 형성평가와 총괄평가로 구분되며, 형성평가는 프로그램 진행 과정에서 정기적으로 실시하게 된다. 즉, 프로그램을 진행하는 사회복지사의 입장에서 프로그램 평가를 수행하는 것은 프로그램의 흐름을 깨거나 클라이언트의 집중에 오히려 방해가 될 수 있다. 또한 평가를 위한 주된 정보 수집 대상과 내용이 클라이언트에게서 나온다. 클라이언트는 사회적으로 취약계층에 해당되는 경우가 많아서 평가가 클라이언트에게 심리사회적으로 부정적인 영향을 미칠 수 있다.

넷째, 프로그램 평가 결과가 인력 및 예산 감축과 프로그램 종결을 위한 자료로 활용되는 것에 대한 두려움이다. 프로그램 평가 결과가 부정적인 경우에는 사회복지서비스 조직의 관리자 및 사회복지 재원을 지원해 주는 공공 및 민간 관계자가 프로그램의 인력 및 예산을 줄이거나 때로는 프로그램을 종결시킬 수도 있다.

하지만 프로그램 종결이나 인력 및 예산의 축소는 클라이언트에게 직접적으로 영향을 미칠 수 있기 때문에 매우 신중하게 이루어진다. 일반적으로 프로그램 평가는 프로그램의 효과성과 질적 수준을 향상시키기 위해 의도되었기 때문에 부정적 평가결과는 프로그램의 수정이나 보완을 위해 활용된다. 경우에 따라서 부정적 평가결과가 다른 프로그램으로의 대체를 유발하기도 하지만 곧바로 프로그램의 종결로 이어지는 사례는 거의 없다.

2) 기존 프로그램 평가의 문제점

사회복지서비스 조직의 평가가 정기적으로 시행되면서, 사회복지서비스 조직에서 제공하고 있는 프로그램에 대한 평가도 활성화되고 있다. 하지만 프로그램 평가에서 발생하는 문제점이 많기 때문에 프로그램 평가를 기획하고 수행하고자 하는 사회복지사 및 관계자는 이러한 점에서 유의해야 할 것이다. 김통원(2009)은 기존 프로그램의 문제점을 다음과 같이 체계적으로 제시하였다.

① **프로그램의 중복성** : 동일한 클라이언트가 비슷한 내용의 여러 프로그램을 중복해서 제공받게 되어 평가의 신뢰성 확보가 어려운 경우가 많다.

② **프로그램 내용의 이질성** : 동일한 프로그램도 기관/ 상황에 따라 내용이 달라지게 되므로 평가가 쉽지 않다.

③ **프로그램 목표의 불일치** : 동일한 프로그램이 기관/ 상황에 따라 다른 목표를 갖게 되는 경우가 있어 평가가 어렵다.

④ **비표준화된 도구 사용** : 신뢰도와 타당도가 인증되지 못한 주관적인 도구를 사용한 평가는 오류발생 가능성이 높다.

⑤ **다양한 측정도구의 부족** : 하위목표의 다양함을 측정하기 위해서는 적절한 도구들이 사용되어야 한다.

⑥ **측정도구와 측정내용의 불일치** : 측정도구 선택의 오류로 전혀 다른 내용을 측정하게 되는 경우가 많다.

⑦ **통계분석의 한계** : 통계분석에 대한 무지나 오해로 통계 미사용, 통계분석의 왜곡이 많다.

⑧ **일반화의 제한** : 기관별 특성/ 프로그램별 상황 차이로 프로그램 효과를 일반화하는 데 어려움이 많다.

⑨ **부적절한 통계기법/ 평가설계의 적용** : 평가모형과 평가방법의 잘못된 선택으로 평가 자체가 의미 없는 경우가 많이 있다.

PART 03

프로그램 개발과 평가의 적용 - 프로포절 작성 (우수사례를 중심으로)

chapter

11 2018 우리투게더 사랑지원제 신청서

「우리은행 공모사업」

2018 우리투게더 사랑지원제 신청서

Ⅰ. 기관현황

<table>
<tr><td>기관(시설)명</td><td colspan="3"></td><td colspan="2">대표자 성명</td><td colspan="2"></td></tr>
<tr><td>고유번호
(사업자등록번호)</td><td colspan="3"></td><td colspan="2">설립연월일</td><td colspan="2">년 월 일</td></tr>
<tr><td>주 소</td><td colspan="7"></td></tr>
<tr><td>홈페이지</td><td colspan="3"></td><td colspan="2">연 락 처</td><td colspan="2"></td></tr>
<tr><td>이 메 일</td><td colspan="3"></td><td colspan="2">팩 스</td><td colspan="2"></td></tr>
<tr><td>담 당 자</td><td colspan="3"></td><td colspan="2">휴 대 폰</td><td colspan="2"></td></tr>
<tr><td rowspan="4">기관현황</td><td>구분</td><td colspan="6">☐ 지역복지시설 ■ 노인복지시설 ☐ 아동/청소년시설
☐ 장애인시설 ☐ 여성/가족시설 ☐ 기타( )</td></tr>
<tr><td rowspan="3">규모</td><td colspan="3">대상자</td><td colspan="3">근로자</td></tr>
<tr><td>정원</td><td colspan="2">일평균이용자</td><td colspan="2">상근</td><td>비상근</td></tr>
<tr><td>4,200명</td><td colspan="2">550명</td><td colspan="2">13명</td><td>1명</td></tr>
<tr><td rowspan="8">예산현황</td><td colspan="3">세입</td><td colspan="3">세출</td><td></td></tr>
<tr><td>구분</td><td>2017년(결산)</td><td>2018년(예산)</td><td>구분</td><td>2017년(결산)</td><td>2018년(예산)</td><td></td></tr>
<tr><td>계</td><td>914,299,458</td><td>978,000,000</td><td>계</td><td>895,379,373</td><td>978,000,000</td><td></td></tr>
<tr><td>보조금수입</td><td>766,409,240</td><td>842,319,200</td><td>인건비</td><td>429,207,560</td><td>461,785,200</td><td></td></tr>
<tr><td>전입금</td><td>14,900,000</td><td>12,000,000</td><td>관리운영비</td><td>67,844,970</td><td>80,000,000</td><td></td></tr>
<tr><td>후원금수입</td><td>21,762,340</td><td>20,800,000</td><td>사업비</td><td>373,575,881</td><td>414,834,000</td><td></td></tr>
<tr><td>사업수입</td><td>79,900,130</td><td>84,474,000</td><td>재산조성비</td><td>18,624,000</td><td>19,100,000</td><td></td></tr>
<tr><td>기타수입</td><td>31,327,748</td><td>18,406,800</td><td>기타지출</td><td>6,126,962</td><td>2,280,800</td><td></td></tr>
<tr><td>주요사업내용</td><td colspan="7">○ 상담사업(회원관리/ 일반상담/ 전문상담 신입회원교육 외)
○ 평생교육사업(건강증진/ 문화예술/ 정서생활/ 한글, 영어, 컴퓨터 외)
○ 재가복지사업(사례관리/ 건강생활지원/ 김장, 나들이 지원 외)
○ 노인사회활동지원사업(노노케어/ 복지시설관리/ 실버강사 외)
○ 기능회복사업(물리치료/ 건강정보 제공 외)
○ 참살이식당 운영사업(유무료급식/ 영양관리/ 위생관리 외)
○ 기획사업(민관 공모 지원을 통한 사업)</td></tr>
</table>

<table>
<tr><td rowspan="5">운영법인(단체)</td><td>운영법인(단체)명</td><td></td><td>대표자 성명</td><td></td></tr>
<tr><td>고유번호
(사업자등록번호)</td><td></td><td>설립연월일</td><td></td></tr>
<tr><td>주 소</td><td colspan="3"></td></tr>
<tr><td>홈페이지</td><td></td><td>연 락 처</td><td></td></tr>
<tr><td>운영주체성격</td><td colspan="3">□ 사회복지법인 ■ 사단법인 □ 종교법인
□ 학교법인 □ 재단법인 □ 임의단체
□ 국가지방자치단체 □ 개인(신고) □ 기타( )</td></tr>
<tr><td colspan="2">기부금영수증 발행 가능 여부
■ 가능 □ 불가능</td><td colspan="3">어르신복지관은 “법인세법에 의한 기부금영수증(지정기부금 : 코드 40) 발급”이 가능한 기관임</td></tr>
</table>

Ⅱ. 사업계획

신청 주제 “이웃에게 힘이 되는 우리” (해당사항에 체크)	■ 지역 내 복지사각지대 발굴 및 돌봄 프로그램 □ 취약계층 자립 지원 프로그램 (교육·취업·건강 등 능력개발, 자가 관리) □ 미래세대 육성 위한 역량강화 프로그램

1. 사업명

전문어르신봉사단(Handyman) 조직을 통한 독거어르신 통합지원 프로그램

– 생활환경개선활동 및 사례관리 중심으로

2. 사업의 필요성

1) 사업실시 배경

○ 국내 독거 노인이 100만 명을 넘어선 지 오래며 고령화 사회로의 진입이 빠르게 진척되면서 가족과 떨어져 혼자 사는 노인이 100만 세대를 넘어 점차 증가하는 추세임(연합뉴스 2013. 9. 23).

○ 통계청의 인구총조사 가구부문 통계에 따르면 만 65세 이상 고령자 중 가족 없이 혼자 생활하는 인구는 1,066,365명(2012년 기준)으로 전체 1인 가구의 25.7%를 차지함. 인구추계에 따르면 이 수치는 점차 늘어 2023년 200만 세대 돌파, 2032년 300만 세대 이상에 달할 전망임.

○ 서울통계정보시스템에 따르면 구로구의 경우 2017년 현재 구로구 인구 415,446명 중 65세 이상 고령자가 49,853명(12%)이며, 이 중 독거어르신이 11,964명, 약 24%에 달하고 있어 점차 어르신의 문제가 구로구 지역문제로 확대되고 있는 실정임.

2) 본 사업의 필요성

○ 주거환경에서 발생되는 문제 해결에 대한 높은 욕구

전체 인구 대비 노인인구는 증가되고 있지만 사회구조의 변화로 대가족제도가 부부중심의 핵가족 형태로 변하고 있음.

구 분	1994년	1998년	2014년
어르신단독세대 비율	26%	28.5%	32%

어르신단독세대 중 가정에서 주거환경에 문제가 발생하였을 때 문제를 해결해 주는 자녀 및 지원 서비스가 있으나 미흡한 것이 현실임. 또한 독거노인 및 기초생활수급권자 등 소외계층어르신이 주거 환경 불편사항을 신체적·경제적 어려움으로 인해 해결할 수 없어 방치하고 생활하는 경우가 많음.

○ 위기가정 발굴 및 긴급지원에 대한 필요성 증가

어르신세대 방문을 하다 보면 주거환경의 불편함 해소를 넘어서서 복지사각지대에 놓여 다방면의 문제 해결이 필요한 경우를 발견할 수 있음. 배우자의 사망, 중대한 질병, 자녀의 가출이나 이혼 등의 문제로 경제적·정서적 어려움을 경험하고 있지만 개입이 신속히 이루어지지 않고 복지 지원체계가 어르신 입장에서 복잡하여 스스로 해결하지 못한 채 살아가는 경우가 많이 있음. 갑작스럽게 궁지에 몰려 긴급한 지원이 필요한 가정이 극단적인 선택을 하지 않도록 통합적인 개입이 신속하게 이루어져야 하고 지속적인 사례관리의 필요성이 있음.

○ 어르신전문자원봉사단 구성을 통한 사회참여 증진 필요성

'2013 노인실태조사' 결과 대다수의 어르신들이 TV 시청과 화투, 카드

등을 주요 여가활동으로 꼽고 있으며 자원봉사활동에는 거의 참여하지 않고 있는 것으로 조사됨. 자원봉사 활동을 하고 있는 노인은 3.9%로 매우 낮았으며 자원봉사활동에 한 번도 참여한 적이 없다고 응답한 비율은 86.9%에 이름. 따라서 은퇴 이전 자신이 보유했던 전문 직업 기술이나 은퇴 후 습득한 기술을 통하여 사회에 참여시키는 것은 건전한 여가생활은 물론 노년의 자아존중감 향상을 위하여 매우 필요하다고 봄.

3. 사업 대상 및 인원

1) 사업 진행 지역

구로구 전 지역

2) 사업 대상 및 인원

대상구분	서비스대상자 산출근거	단위수(명)
① 일반대상	구로구에 거주하는 65세 이상 어르신	49,853
② 위기대상	구로구 내 독거어르신	11,964
③ 표적대상	구로구 내 독거어르신 중 수급자, 차상위, 저소득 어르신(위기대상의 약 40%, 한국보건사회연구원 빈곤비율)	4,785
④ 실인원수	표적대상 중 본 프로그램 참가를 희망하는 어르신 (사업 적정 인원)	60

3) 사업 대상 선정 기준

구로구 내 독거어르신(수급자, 차상위, 저소득 어르신) 중 사회복지기관, 관공서, 주민자치조직 등에서 추천 의뢰된 어르신으로서 본 복지관 사례회의를 통해 선정

4. 사업 목적 및 목표

목적	산출목표	성과목표
1. 구로구 독거어르신 지원을 위한 전문어르신 봉사단(핸디맨) 모집 및 발족	– 10명 전문어르신봉사단 모집 및 양성 교육 – 분기별 자원봉사자 간담회 실시	전문어르신 자원봉사자를 양성하여 봉사활동 참여율 향상 및 자존감 향상
2. 생활불편을 호소하는 독거어르신 가정의 주거환경개선을 통한 삶의 질 향상	취약계층 어르신 총 50명(월 5~6명) 에게 생활환경개선 서비스 제공(수도꼭지, 변기 수리, 도배, 장판, 집청소, 소독, 전등교체 등)	독거어르신의 일상생활에 불편한 주거환경 문제를 해결함으로써 생활불편 감소/ 무료지원으로 경제적 부담 경감
3. 위기가정 어르신 대상 사례관리 서비스 제공	– 어르신봉사단과 담당복지사의 공동 사례 관리 실시(월 2회/총 100회)	사례관리 대상자 선정 및 서비스지원(10case)을 통한 어르신 삶의 질 향상
4. 어르신 경제적 어려움 경감을 위한 지역자원 네트워크 구축	지역자원 네트워크 구축을 통한 결연후원 (후원처 20곳 개발)	지역자원 후원처 개발 20곳을 통한 어르신 경제적 부담 완화

5. 사업내용

1) 세부사업내용

성과목표	프로그램명	활동(수행방법)	시행 시기	수행 인력	참여 인원	시행횟수 · 시간
전문어르신 자원봉사자를 양성하여 봉사활동 참여율 향상 및 자존감 향상	전문어르신 자원봉사자 (핸디맨) 모집 및 발대식	■ 전문어르신봉사자(핸디맨) 모집 • 대상 : 구로구 내 전문자원봉사어르신 10명 • 내용 : 전직 수리전문 업종 종사 어르신들을 모집 ■ 전문 어르신자원봉사단(핸디맨) 발대식 • 장소 : 어르신복지관 1층 강당 • 내용 : 사업설명/ 오리엔테이션 및 기초교육	봉사자 모집 5.2~5.25 봉사단 발대식 5.25	담당 사회 복지사 2명	12명	발대식 1회 1시간

독거어르신의 일상생활에 불편한 주거환경 문제를 해결함으로써 생활불편 감소/ 무료 지원으로 경제적 부담 경감	전문어르신 자원봉사단 (핸디맨) 활동	■ 전문어르신봉사단(핸디맨) 활동 • 대상 : 구로구 내 수리가 필요한 독거어르신 50명 (월 5~6명) • 내용 : 생활환경개선서비스 제공(수도꼭지, 변기 수리, 도배, 장판, 집청소, 소독, 전등교체 등) ■ 전문어르신봉사단(핸디맨) 정기간담회 • 내용 : 핸디맨활동의 지속성 유지와 상호단합을 위한 정기간담회 실시 • 일정 : 5월, 7월, 9월, 11월 (총 4회) ■ 어르신자원봉사단(핸디맨) 전문보수교육 • 내용 : 생활환경개선서비스 수행능력 향상을 위한 외부 강사 초빙 보수교육 • 일정 : 7월, 9월(총2회) ■ 중간/ 최종 평가회의 • 일정 : 중간평가회 8월, 최종평가회 11월(총 2회) • 내용 : 전문어르신자원봉사단(핸디맨)의 활동 내용을 점검하고 평가하기 위한 중간, 최종평가회의 실시	핸디맨 활동 6~12월 간담회 5, 7, 9, 11월 보수교육 7, 9월 중간/ 최종평가 회의 8, 11월	전문 어르신 봉사단 10명 담당 사회 복지사 2명	12명	핸디맨 활동 50회 2시간씩 간담회 4회 1시간씩 보수 교육 2회 2시간씩 중간/ 최종 평가회의 2회 2시간씩

사례관리 대상자 선정 및 서비스지원 (10case)을 통한 어르신 삶의 질 향상	위기가정 어르신 대상 사례관리 서비스 제공	■ 사례관리 서비스 제공(핸디맨/ 담당복지사 공동 사례관리서비스) • 대상 : 독거어르신 중 생활환경개선서비스와 더불어 긴급보호, 요보호서비스가 필요한 어르신 10명 • 내용 : 생활환경개선서비스 외 사례관리가 필요한 독거어르신 대상 상담, 심리 정서지원, 일상생활지원, 결연서비스 등 다양한 서비스 연계	사례관리 활동 6~12월	전문 어르신 봉사단 10명 담당 사회 복지사 2명	12명	수시
지역자원 후원처 개발 20곳을 통한 어르신 경제적 부담 완화	어르신 경제적 어려움 경감을 위한 지역자원 네트워크 구축	■ 지역자원 네트워크 구축 (정기결연후원금/ 후원품) • 대상 : 구로구 내 본 사업 동참 후원자 및 기업 20곳 개발 • 내용 : 사례관리 독거어르신 10명 대상으로 결연후원 연결, 사업참여 후원물품 접수	자원개발 활동 6~12월	담당 사회 복지사 2명	2명	수시

2) 사업 평가방법

성과목표	목표 평가방법			
	성과지표	자료원	수집방법	수집시기
전문자원봉사자를 양성하여 봉사활동 참여율 향상 및 자존감 향상	봉사활동 참여율 (80% 이상) 자아존중감 변화 정도 (사전사후 10% 이상)	활동일지 사전사후자존감척도검사	활동일지수거 사전사후검사 실시	사전 5.25 사후 11.30 수시
독거어르신의 일상생활에 불편한 주거환경 문제를 해결함으로써 생활불편 감소/ 무료지원으로 경제적 부담 경감	만족도(80% 이상) 개별인터뷰(긍정적 변화)	만족도조사지 개별자체조사	서비스 후 만족도조사 개별인터뷰 분석	11.30

사례관리 대상자 선정 및 서비스지원(10case)을 통한 어르신 삶의 질 향상	사례관리 평가 (80% 이상)	사례관리 평가서	사례회의 후 평가	11.30 수시
지역자원 후원처 개발 20곳을 통한 어르신 경제적 부담 완화	협약서/ 후원개발 실적 (20곳 이상)	협약서 후원실적	개발실적분석	사업종료 시점

3) 담당인력 구성

이름	담당부서/ 직위	역할/ 주요 업무	자격증 (신청사업 관련)
	총괄/ 관장	슈퍼바이저/ 사업 전반 슈퍼비전 – 사회복지관 복지부팀장 – 노인복지관 부장 – 노인복지관 부장	사회복지사 1급
	사업운영팀/ 과장	사업 주담당/ 사업 전체 진행 및 관리 – 노인종합복지관 대리 – 사회복지관 팀장	사회복지사 1급
	사업운영팀/ 대리	사업 부담당/ 사업 보조 및 지원 – 노인종합복지관 – 사회복지공동모금회	사회복지사 1급

4) 사업진행일정

내용 \ 기간	4월	5월	6월	7월	8월	9월	10월	11월	12월
사업기획	▶								
대상자 모집 및 홍보		▶							
핸디맨 전문봉사단 발대식		▶							
핸디맨 전문봉사단 활동			▶	▶	▶	▶	▶	▶	▶
봉사단 전문보수교육				▶		▶			
간담회(4회)		▶		▶		▶		▶	
사례관리 서비스			▶	▶	▶	▶	▶	▶	▶
지역자원개발(네트워크)			▶	▶	▶	▶	▶	▶	▶
중간 최종 평가회의					▶			▶	

6. 신청 사업과 유사/ 동일 사업 수행경험(2015~2017)

연도	수행기간 (월~월)	사업명/ 사업내용	지원금액	지원주체 (정부/ 민간)	성과/ 평가결과
2016	3~11	성인문해교육	2,970,000원	구로구청(정부)	우수
2017	3~12	2017 학력인정 문해교육	16,000,000원	교육청(정부)	우수

7. 예산계획

(단위 : 원)

항 목		산출근거	사업예산		
			총 사업비	신청금액	자부담
사업비	홍보비	현수막제작비 50,000×4개=200,000	200,000	200,000	–
	오리엔테이션	다과구입비 150,000×1회=150,000	150,000	150,000	–
	발대식	발대식진행비 90,000×1회=90,000 단체복제작비 40,000×10벌=400,000	490,000	490,000	–
	간담회	간담회 진행비 150,000×4회=600,000	600,000	600,000	–
	자원봉사단 보수교육비	강사비 180,000×2회=360,000 진행비 150,000×2회=300,000	660,000	660,000	–
	자원봉사단 활동재료비	활동재료비 30,000×20명=600,000 50,000×20명=1,000,000 80,000×10명=800,000 (수도꼭지, 변기, 도배, 장판, 집청소, 소독, 전등교체 등 주거환경 개선 재료비)	2,400,000	2,400,000	–
	자원봉사단 활동교통비	활동교통비 10,000×50명=500,000	500,000	500,000	–
	후원개발비	후원개발비 100,000×3회=300,000	300,000	–	300,000
	평가회의비	평가회의비 150,000×2회=300,000	300,000	–	300,000
합 계			5,600,000	5,000,000	600,000

8. 향후 운영계획

○ 어르신복지관은 지역사회 내 독거어르신 추가 발굴과 지원을 통해 생활의 불편함을 해소하며 삶의 질 향상을 위해 다양한 노력을 기울일 계획임.

○ 본 사업의 예산지원이 종료된 후에도 지속적인 사업의 전개를 통해 사업의 연속성을 확보할 계획임.

○ 독거어르신에 대한 지속적이며 다양한 자원봉사자 결연을 통해 통합지원서비스 제공으로 어르신복지에 대한 관심을 제고하고자 함.

○ 지역사회 다양한 기관 연계 및 홍보활동을 통해 어르신들에게 좀 더 생활밀착형서비스가 제공될 수 있도록 운영해 나아가고자 함.

chapter 12

2018년도 미디어교육 단체 지원사업 신청서

2018년도 미디어교육 단체 지원사업 신청서

<table>
<tr><td colspan="2">단 체 명</td><td colspan="4">어르신복지관</td></tr>
<tr><td colspan="2">사 업 명</td><td colspan="4">세대공감 어르신미디어문화 활성화 사업
– 세대공감 실버영화(Silver-Movie) 제작 프로젝트</td></tr>
<tr><td colspan="2">사업유형</td><td colspan="4">미디어교육활동지원</td></tr>
<tr><td colspan="2">컨소시엄 구성
· 전문가 활용
(해당란에 ○표)</td><td colspan="4">① 컨소시엄 구성 ( )
② 전문가 활용 (○)</td></tr>
<tr><td colspan="2" rowspan="2">총 사 업 비</td><td colspan="2" rowspan="2">총 6,000,000원</td><td>보조금</td><td>총 5,100,000원(85%)</td></tr>
<tr><td>자부담</td><td>총 900,000원(15%)</td></tr>
<tr><td colspan="2">단체등록사항</td><td colspan="4">○ 등록부처(시/ 도) : 서울시 구로구청
<등록번호 : >
○ 등 록 일 : 년 월 일</td></tr>
<tr><td rowspan="4">대 표
단 체
연락처</td><td>주 소</td><td colspan="4"></td></tr>
<tr><td>전화 및
FAX</td><td colspan="2">(전화) :</td><td colspan="2">(FAX) :</td></tr>
<tr><td rowspan="2">담당자</td><td>직 위</td><td></td><td>성 명</td><td></td></tr>
<tr><td>휴대폰</td><td></td><td>E-mail</td><td></td></tr>
</table>

2018년 3월 7일

신청단체명 : 어르신복지관장 직 인

시청자미디어재단 이사장 귀 하

(단체 자기소개서)

어르신복지관

주 소 및 연 락 처	 ○ 전화 : ○ 사업담당자 : 과장 ○ FAX : ○ E-Mail : ○ 인터넷 홈페이지 :
설립목적	○ 구로구 지역사회 어르신 복지증진의 역할을 원활히 수행하기 위해 구로구청이 설립 운영
단체연혁	○ 2013. 04. 15. 어르신복지관 개관 ○ 2013. 05. 01. 무료급식서비스(경로식당, 도시락 · 밑반찬 배달) 실시 ○ 2013. 09. 05. KT&G복지재단 연계, 김장나누기 행사 ○ 2014. 01. 06. 노인일자리사업(연중일자리사업) 시행 ○ 2014. 10. 22. KT&G복지재단 차량공모사업 선정(경차 지원) ○ 2016. 03. 01. 서울남부교육청지원 학력인정문해교육 선정(2016~2019) ○ 2017. 09. 30. 제3회 구로건강노익장대회 은상 수상(하모니카) ○ 2018. 03. 06. 2018 노인일자리사업 실시(243명)
인력현황	○ 대표자 : ○ 회원수 : 4,800명(어르신) (3개년 '16년 4,200 '17년 4,500 '18년 4,800) ○사무국 직원수 : 명 (상근 : 명)
기구현황	
2017년 예산현황	○ 예산총액 : 913,000천 원 ※ 재원구성(100%) : 회비수입(-%), 기부금 및 모금활동(4%) 정부보조(84%), 사업수익(9%), 기타(3%)
2017년 주요 사업	○ 상담사업(회원관리/ 일반상담/ 전문상담 신입회원교육 외) ○ 평생교육사업(건강증진/ 문화예술/ 정서생활/ 한글, 영어, 컴퓨터 외) ○ 재가복지사업(사례관리/ 건강생활지원/ 김장, 나들이 지원 외) ○ 노인사회활동지원사업(노노케어/ 복지시설관리/ 실버강사 외) ○ 기능회복사업(물리치료/ 건강정보 제공 외) ○ 참살이식당 운영사업(유무료급식/ 영양관리/ 위생관리 외)

2018년 주요 사업 계획	○ 기획사업(민관 공모 지원을 통한 사업) ○ 상담사업(회원관리/ 일반상담/ 전문상담 신입회원교육 외) ○ 평생교육사업(건강증진/ 문화예술/ 정서생활/ 한글, 영어, 컴퓨터 외) ○ 재가복지사업(사례관리/ 건강생활지원/ 김장, 나들이 지원 외) ○ 노인사회활동지원사업(노노케어/ 복지시설관리/ 실버강사 외) ○ 기능회복사업(물리치료/ 건강정보 제공 외) ○ 참살이식당 운영사업(유무료급식/ 영양관리/ 위생관리 외)

□ 2017년 주요 사업 추진실적

○ 사업명 : 남부교육청 지원 학력인정 성인문해교육 '우리글 알기' 저소득 어르신 대상 문해교육사업(한글, 수학 등)으로 학력인정 교육사업 (연 16,000,000원 지원)

○ 상담사업(회원관리/ 일반상담/ 전문상담 신입회원교육 외) 2,468명

○ 평생교육사업(건강증진/ 문화예술/ 정서생활/ 한글, 영어, 컴퓨터 외) 65,694명

○ 재가복지사업(사례관리/ 건강생활지원/ 김장, 나들이 지원 외) 20,788명

○ 노인사회활동지원사업(노노케어/ 복지시설관리/ 실버강사 외) 245명

○ 지역자원 연계사업(후원/ 자원봉사/ 홍보 외) 3,410명

○ 조사연구사업(욕구만족도조사/ 연구/ 직원교육, 기관방문 외) 852명

○ 기능회복사업(물리치료/ 건강정보 제공 외) 4,659명

○ 참살이식당 운영사업(유무료급식/ 영양관리/ 위생관리 외) 39,601명

○ 이미용실 운영사업(파마/ 염색/ 커트 외) 1,043명

○ 셔틀버스 운행사업(교통편의 및 접근성 향상) 56,847명

□ 2018년 주요 사업 계획

○ 기획사업(민관 공모 지원을 통한 사업)

○ 상담사업(회원관리/ 일반상담/ 전문상담 신입회원교육 외)

○ 평생교육사업(건강증진/ 문화예술/ 정서생활/ 한글, 영어, 컴퓨터 외)

○ 재가복지사업(사례관리/ 건강생활지원/ 김장, 나들이 지원 외)

○ 노인사회활동지원사업(노노케어/ 복지시설관리/ 실버강사 외)

○ 지역자원 연계사업(후원/ 자원봉사/ 홍보 외)

○ 조사연구사업(욕구만족도조사/ 연구/ 직원교육, 기관방문 외)

○ 기능회복사업(물리치료/ 건강정보 제공 외)

○ 참살이식당 운영사업(유무료급식/ 영양관리/ 위생관리 외)

○ 이미용실 운영사업(파마/ 염색/ 커트 외)

○ 셔틀버스 운행사업(교통편의 및 접근성 향상)

□ 기타 단체소개 관련 참고자료

○ 어르신복지관은 구로구청 설립 노인복지관으로 50여 개의 다양한 평생교육 프로그램 등 지역사회 전문노인복지시설의 역할을 수행하고 있음. 2016년부터 서울특별시남부교육지원청 연계 학력인정 문해교육, 지역자원연계(자원봉사, 후원) 사업을 활발하게 운영하고 있음. 또한 구로구청 지도점검 및 감사시스템을 통해 정확하고, 투명한 회계 및 사업 운영으로 외부지원사업 운영의 역량이 충분함.

2018년도 미디어교육 단체 지원사업 계획서

1. 신청사업명

세대공감 어르신미디어문화 활성화 사업
– 세대공감 실버영화(Silver-Movie) 제작 프로젝트

2. 사업목적

○ 미디어 소외계층인 지역 어르신과 지역 주민이 함께하는 미디어 문화활동(실버영화제작)을 통하여 사회참여, 문화향유의 기회를 제공하고자 함.
○ 어르신에게는 생소한 실버영화제작이라는 미디어문화 활동을 통해 어르신의 삶의 질 향상과 자존감 향상을 도모하고자 함.

3. 사업추진기간

○ 2018년 4월 일 ~ 11월 일

4. 사업추진방법

○ 사업목적의 설정 방법

각종 노인실태조사 결과에서 알 수 있듯이 대다수의 어르신들이 TV 시청과 화투, 카드 등을 주요 여가활동으로 꼽고 있으며 사회참여 및 자원봉사활동 등에는 거의 참여하지 않고 있는 것이 현 실정임(자원봉사 활동 어르신 3.9%/자원봉사활동에 한번도 참여한 적 없는 어르신 86.9%). 따라서 은퇴 이전 자신이 보유했던 전문 직업 기술이나 은퇴 후 습득한 기술을 통하여 사회에 참여시키는

것은 건전한 여가생활은 물론 노년의 자아존중감 향상을 위하여 매우 필요하다고 할 수 있음.

따라서 어르신과 지역주민들이 함께하는 미디어문화활동(실버영화)을 통해서 사회참여, 문화향유의 기회를 제공하고 자신의 재능을 개발·기부하여 마을공동체를 형성하는 데 기여하게 함으로써 노년의 삶의 질 향상과 자존감 향상의 필요성이 매우 크다고 할 수 있음.

○ 목적달성을 위한 활용기법

목표/ 세부목표	평가지표	측정도구	평가방법
세대공감 영화제작단을 양성하여 활동 참여율 향상 및 자존감 향상	– 활동참여율(80% 이상) – 자아존중감 변화 정도 (사전사후 10% 이상)	– 활동일지 – 사전사후 자존감 척도검사	– 활동일지 수거 – 사전사후검사실시 – 수시평가
세대공감 영화제작단 구성을 통한 조직화	– 세대공감 영화제작단 집단구성 (3개 집단 총 16명)	– 입회원서 – 조직 내 응집력	– 평균 활동률 점검 – 실무자 관찰평가
교육을 통한 영화제작 기술 습득	– 교육 참여율(80% 이상) – 교육 이해도	– 출석부 – 활동일지 – 영상 제작물	– 활동일지 수거 – 실무자 및 참여자 과정평가 – 제작물 완성도 평가
실버영화제 실시를 통한 지역사회 활동 증진	– 실버영화제 실시(11월)	– 제작된 영상물 – 제작과정 기록지 – 참여율(80% 이상)	– 제작물 완성도 평가 – 영상물 관심도 평가 – 영화제 자체평가

5. 세부추진계획(일정별, 추진단위별)

세부사업	일 정	세부추진내용
세대공감 영화제작단 구성 (조직화)	영화제작단 모집 2018.4.23.~4.30	○ 세대공감 영화제작단(어르신/ 청장년/ 청소년) 홍보 및 모집 • 대상 : 참여희망어르신 10명, 지역주민 6명(총 16명) • 내용 : 홍보를 통한 사업 참여 어르신 및 지역주민 모집
	영화제작단 발대식 2018.5.14	○ 세대공감 영화제작단 발대식 • 장소 : 어르신복지관 1층 강당 • 내용 : 사업설명/ 오리엔테이션 및 기초교육/ 자아존중감 사전검사
지역방송 협약체결 (구로구청 인터넷방송국)	협약체결 2018.5.14	○ 구로지역 방송기관 협약체결 • 장소 : 어르신복지관 1층 강당 • 내용 : 사업 활성화를 위한 지역방송 기관 협약체결 • 대상 : 구로구청 인터넷 방송국
세대공감 영화제작단 전문양성교육 (기초/ 심화/ 보수)	기초교육과정 2018.6.9.~6.22 (3회)	○ 기초교육과정(3회) • 대상 : 선발 세대공감 영화제작단(어르신/ 청장년/ 청소년) 16명 • 강사 : 영화제작 전문가(시청자미디어재단 자문) • 내용 : 실버영화제작을 위한 기초교육과정
	심화교육과정 2018.7.7.~7.28 (4회)	○ 심화교육과정(4회) • 대상 : 기초교육과정 이수 세대공감 영화제작단 16명 • 강사 : 영화제작 전문가(시청자미디어재단 자문) • 내용 : 심화교육을 통한 영화제작 교육 과정 실시
	보수교육과정 2018.8~9월 중 (3회)	○ 보수교육과정(3회) • 대상 : 세대공감 영화제작단 16명 • 강사 : 3개 그룹별 자체 보수교육 • 내용 : 영화제작 및 촬영기술 보완

세대공감 실버영화 제작 프로젝트 (Silver–Movie)	제작팀 구성 2018.8.11	○ 영화제작팀 구성(3개 그룹) • 대상 : 세대공감 제작단(어르신/ 청장년/ 청소년) 16명 • 내용 : 실버 영화(Silver-Movie) 제작을 위한 콘텐츠별 제작팀 구성(3개 그룹)
	영화제작 기획회의 2018.8.11	○ 실버영화제(Silver-Movie) 기획회의 • 대상 : 세대공감제작단(어르신/ 청장년/ 청소년) 16명 중 3개 그룹별 기획 회의(시나리오 작성) • 내용 : 브레인스토밍 회의/ 시나리오 작성/ 시나리오별 콘텐츠 분류 논의/ 콘텐츠별 영화제작 방향성 논의/ 영화제작 장소 및 출연자 선정 논의/ 영화제작 진행 논의 등
	실버영화 제작 2018.8~9월	○ 실버영화제(Silver-Movie) 제작 진행 • 대상 : 세대공감제작단(어르신/ 청장년/ 청소년) 16명(3개 그룹) • 내용 : 기획회의를 통해 나온 시나리오 내용으로 영화제작 실시(어르신 삶의 대한 반추 영화, 노인문제에 대한 영화, 나의 추억에 대한 영화, 나의 가족애에 대한 영화 등 다양한 주제)
세대공감 영화제작단 간담회	간담회 1회 2018.6월 2회 2018.8월 3회 2018.10월	○ 세대공감 영화제작단 간담회 • 장소 : 어르신복지관 4층 교실 및 식당 • 내용 : 실버영화 제작단 활동에 대한 평가 및 지속성 유지와 상호단합을 위한 정기간담회 실시 • 일정 : 6월, 8월, 10월(총 3회)
제1회 실버영화제 (제작 발표회)	2018.11.17	○ 최종 제작 발표회(제1회 실버영화제) • 대상 : 세대공감제작단, 지역주민, 복지관 직원, 전문가 등 • 장소 : 구로구민회관/ 온수어르신복지관 1층 강당 • 내용 : 세대공감제작단(어르신/ 청장년/ 청소년)의 제작 내용을 최종 평가하기 위한 영화제/ 영화감상/ 사업평가/ 참여 어르신 자아존존중감 사전 사후검사 발표

6. 교육커리큘럼

차시	교육주제	교육내용	자료 및 장비
1	– 영화제작 기초과정 1 – 오리엔테이션 – 세대공감 제작단 의견나눔	전체 사업 진행 내용 공유 지역 어르신 및 지역 주민과의 모임을 통해 세대, 문화차이에 대한 의견 나눔 영화/ 영상제작의 기초과정 교육	OT 자료 촬영장비, 컴퓨터, 빔프로젝터 등
2	– 영화제작 기초과정 2	영화/ 영상제작의 기초과정 교육(기획, 자료수집, 구성, 촬영, 편집)을 통해 영상제작 과정에 대한 이해도 향상	촬영장비, 컴퓨터, 빔프로젝터 등
3	– 영화제작 기초과정 3 – 영상제작 현장교육 (구로구청 인터넷방송국 연계)	영화/ 영상제작의 기초과정 교육(기획, 자료수집, 구성, 촬영, 편집)을 통해 영상제작 과정에 대한 이해도 향상 구로구청 인터넷 방송국 견학을 통한 영상제작과정 이해도 향상	촬영장비, 컴퓨터, 빔프로젝터 등
4	– 영화제작 심화과정 1	영화제작 심화 과정 교육 1 : 영화제작 실제를 위한 시나리오 제작과정 교육 및 영상제작 실제 과정 체험	촬영장비, 컴퓨터, 빔프로젝터 등
5	– 영화제작 심화과정 2	영화제작 심화 과정 교육 2 : 영화제작에 대한 이해 및 촬영장비 사용	촬영장비, 컴퓨터, 빔프로젝터 등
6	– 영화제작 심화과정 3	영화제작 심화 과정 교육 3 : 영상장비를 통한 영화 촬영 시 주의점, 조명 사용법 등	조명, 촬영장비, 컴퓨터, 빔프로젝터 등
7	– 영화제작 심화과정 4 (영상제작 전문가 연계)	영화제작 심화 과정 교육 4 : 화면비율에 따른 영상제작, 편집과정, 영화촬영 시 인력 배치 등	촬영장비, 컴퓨터, 빔프로젝터 등
8 9 10	– 영화제작 보수교육 1 – 영화제작 보수교육 2 – 영화제작 보수교육 3	영화 제작 3개 팀별 자체 촬영에 대한 개별 수퍼비전	촬영장비, 컴퓨터, 빔프로젝터 등

※ 영상(영화)제작이라는 전문성 특성상 커리큘럼은 전문가와 협의 편성 예정

7. 기대효과

○ 미디어소외계층인 지역 어르신과 지역 주민이 함께하는 미디어 문화 활동을 통하여 10명 어르신 및 6명의 지역주민에게 사회참여, 문화향유의 기회를 제공할 수 있음.

○ 어르신에게는 생소한 실버영화제작이라는 미디어문화 활동을 통해 어르신의 삶의 질 향상과 자존감 향상(사전사후 심리척도 검사 10% 향상)을 도모할 수 있음.

8. 사업비 구성

○ 총사업비 : 6,000,000원 (100%)

○ 보 조 금 : 5,100,000원 (85%)

○ 자 부 담 : 900,000원 (15%)

9. 사업선정을 위한 고려사항

심사항목	단체의견
사업목표의 명확성 및 미디어교육 발전 기여도	우리 기관은 노인복지관으로서 미디어 이용 빈도는 높으나 실제 주체로서 미디어를 제작, 사용하지 못하는 어르신을 대상으로 영상물제작 교육을 실시하고자 하며 지원 이후에도 2기, 3기 영상물 제작 교육을 통해 지속적인 사업으로 이끌어 가고자 하는 의욕이 있음. 현재 복지관에서 교육 중인 스마트폰 활용교실, 컴퓨터 교실 어르신들에게도 미디어 교육의 필요성을 부각시키며 더욱 발전해 나갈 계획임.
사업내용의 충실성 및 적합성 (사회적 형평성 고려)	어르신복지관은 약 5,000여 명의 지역 어르신이 회원으로 등록하고 하루 평균 550여 명의 어르신이 이용하고 있는 노인복지 전문기관임. 이용 인원 중에는 일반 및 저소득 어르신 등 다양한 계층이 이용 중임. 이러한 많은 어르신이 이용하는 어르신 복지 전문기관으로서 본 취약계층 미디어활성화 프로그램에 충실하며 적합한 기관이라 사료됨.

단체의 공익성 및 역량	어르신복지관은 구로구 온수동에 위치한 노인종합복지관으로 50여 개의 다양한 평생교육 프로그램을 운영하고 있으며 2016년부터는 서울특별시 남부교육청 지원 연계 학력인정 문해교육, 지역자원연계(자원봉사, 후원) 사업을 활발하게 운영하고 있음. 또한 정확하고, 투명한 회계 및 사업 운영으로 외부지원사업 운영의 역량이 충분함.
예산편성의 적정성	전체 예산 대비 15% 이상의 자부담을 책정하였으며 향후 더 필요한 예산의 자부담 발생 시 적극적 예산 투입 예정

10. 지출항목별 산출내역

o **단체명** : 어르신복지관

o **사업명** : 세대공감 어르신미디어문화 활성화 사업
　　　－ 세대공감 실버영화(Silver-Movie) 제작 프로젝트

(단위 : 원)

총사업비	6,000,000	보조금	5,100,000	85%
		자부담	900,000	15%

단위사업명	비목(항목)	예산액			세부산출내역	비고
		보조금	자부담	계		
인건비	강사비	2,200,000		2,200,000	강사비(2급강사) 220,000(2시간)×10회×1명=2,200,000	
사업진행비	인쇄비	500,000		500,000	영화제 팸플릿 500×500장=250,000 사업결과보고서 5,000×50권=250,000	
	홍보비	300,000		300,000	현수막제작비 100,000×3개=300,000	
	간담회비	360,000		360,000	간담회 진행비 8,000×15명×3회=360,000	
	실버영화 제작비	900,000		900,000	영화 제작비(3그룹) 장소대여비용 100,000×3그룹=300,000 촬영부대비용(소품 외) 200,000×3그룹=600,000	

사업진행비	영화제 진행비	840,000		840,000	영화제 진행비 행사장 장식비 200,000×1회=200,000 전문가(교수) 자문비 180,000×1인=180,000 시상비(상장/ 상품) 100,000×3그룹=300,000 평가회의비 8,000×20=160,000	
	OT 진행비		90,000	90,000	다과구입비 3,000×30=90,000	
	발대식 진행비		190,000	190,000	진행비 190,000×1회=190,000	
	회의비		320,000	320,000	회의비 8,000×20명×2회=320,000	
	사무용품 구입비		300,000	300,000	사무용품 100,000×3회=300,000	
비 율		85%	15%	100%		
총 계		5,100,000	900,000	6,000,000		

사회복지사업 지원신청서

<table>
<tr><td rowspan="7">신청기관</td><td>법 인 명</td><td colspan="2"></td><td>법인대표자</td><td colspan="3"></td></tr>
<tr><td>기 관 명</td><td colspan="2"></td><td>신청기관장</td><td colspan="3"></td></tr>
<tr><td>주 소</td><td colspan="6"></td></tr>
<tr><td>설 립 일</td><td colspan="2"></td><td>전 화</td><td colspan="3"></td></tr>
<tr><td>시설종류</td><td colspan="2"></td><td>팩 스</td><td colspan="3"></td></tr>
<tr><td rowspan="2">세부종류</td><td>생활시설</td><td>–</td><td>담 당 자</td><td colspan="3"></td></tr>
<tr><td>이용시설</td><td></td><td>휴 대 폰</td><td colspan="3"></td></tr>
<tr><td rowspan="7">신청사업</td><td>사 업 명</td><td colspan="6">1-3 세대가 함께하는 지역사회 소통프로그램
「세대공감 마을신문 기자단 만들기」</td></tr>
<tr><td>수혜대상</td><td colspan="2">구로구 문화소외계층 어르신 및 청년</td><td>대상인원</td><td colspan="3">15명</td></tr>
<tr><td>신청내역</td><td colspan="6">세대공감 마을신문 기자단 만들기 프로그램진행비</td></tr>
<tr><td>사업내용
요약</td><td colspan="6">구로구 어르신, 청년이 함께하는 마을신문 기자 활동을 통해서 사회참여, 문화향유의 기회를 제공하고 자신의 재능을 개발하여 마을 공동체를 형성하는 데 기여하게 함으로써 노년의 삶의 질 향상과 자존감 향상을 도모하고자 함. 주요 내용으로는
○ 세대공감 마을신문 기자단 구성(조직화)
구로구 지역주민(어르신 10명, 청년 5명) 기자단 홍보 및 모집
○ 기자단 전문양성교육
– 기초/ 심화교육과정
– 중앙일간지 및 지역 구로타임즈 등 언론기관 견학
○ 마을신문 제작/ 배포
– 마을신문 제작을 위한 콘텐츠별 팀구성
– 마을신문 기획회의
– 마을신문 취재 진행
– 마을신문 제작 및 배포(지역주민, 유관기관, 구청, 주민센터, 지하철 등)
– 최종평가 세미나/ 웹진 제작
○ 세대간 문화교류 체험
'탑골공원과 홍대의 만남' 등 문화교류 체험</td></tr>
<tr><td rowspan="3">사업예산</td><td>신청금액 (A)</td><td>5,000,000원</td><td rowspan="3">인원</td><td>직원 (A)</td><td colspan="2">14명</td></tr>
<tr><td>자 부 담 (B)</td><td>600,000원</td><td>원생 (B)</td><td colspan="2">-명</td></tr>
<tr><td>총사업액(A+B)</td><td>5,600,000원</td><td>계 (A+B)</td><td colspan="2">14명</td></tr>
<tr><td colspan="8">당 기관은 사회복지법인 세림복지재단에 사회복지사업 지원신청서를 첨부와 같이 요건을 갖추어 신청합니다.

년 월 일

법인 대표자 :
신청 기관장 :

사회복지법인 세림복지재단 귀중</td></tr>
</table>

기 관 현 황 표

1. 기관의 설립목적 및 연혁

1) 설립목적

어르신복지관은 지역사회 어르신과 그 가족의 다양한 욕구 및 문제를 예방·치료하기 위하여 어르신의 복지증진에 필요한 종합적인 복지서비스를 제공하여 노인복지 증진에 기여하고자 구로구청에서 설립함.

2) 연혁

○ 2013. 04. 15. 복지관 개관

○ 2013. 05. 01. 무료급식서비스(경로식당, 도시락·밑반찬 배달) 실시

○ 2013. 09. 05. KT&G복지재단 연계, 김장나누기 행사

○ 2014. 01. 06. 노인일자리사업(연중일자리사업) 시행

○ 2014. 10. 22. KT&G복지재단 차량공모사업 선정(경차 지원)

○ 2016. 03. 01. 서울남부교육청지원 학력인정문해교육 선정(2016~2019)

○ 2017. 09. 30. 제3회 구로건강노익장대회 은상 수상(하모니카)

○ 2018. 03. 06. 2018 노인일자리사업 실시(243명)

3) 지역적 특성

서울 통계정보시스템에 따르면 구로구의 경우 2017년 기준 구로구 인구 415,446명 중 65세 이상 고령자가 49,853명(12%)이다. 구로구는 서울시 25개 구 중 비교적 경제, 문화 소외 지역이다. 특히 온수어르신복지관이 위치한 온수동은 온수 공단지역으로 가파른 경사로에 위치하고 있어, 체력 소모와 교통비 지출에 대한 부담 등으로 외부와의 접근성이 낮은 편이며, 구로구 내 소식을 전달하는 지역신문사는 있으나 구석구석 어르신 관련 지역 소식을 제작 전달하는 데 어려운 실정이다.

이에 본 기관은 1~3세대가 함께하는 지역사회 소통 프로그램「온수골 세대공감 마을신문 기자단만들기」를 통해 정보소외지역에 소식을 전달하며 단

순 사회참여활동에서 벗어나 전문적인 프로그램으로 어르신 학습욕구를 충족시키고, 전문기술을 활용한 사회참여의 통로를 마련하여 건전한 노후생활과 사회참여에 대한 동기를 극대화시켜 지역사회 내 행복한 소식을 전달하고자 한다.

2. 조직 및 직원현황

1) 조직

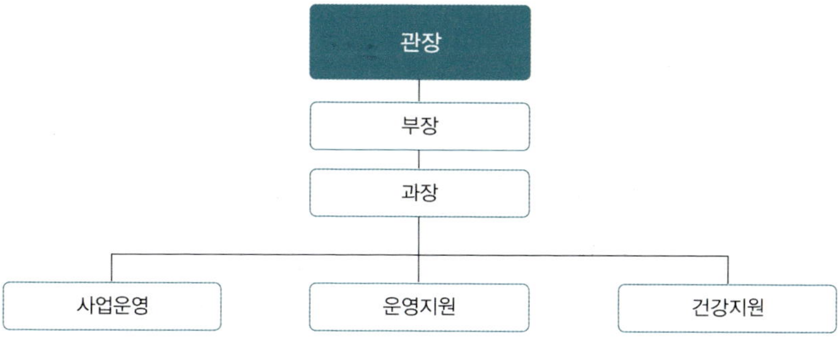

2) 직원현황

계	관장	부장	과장	대리 (총무)	사회 복지사	물리 치료사	영양사	조리사	운전 기사	안전 관리
11	1	1	1	1	2	1	1	1	1	1

3. 주요 사업 내용

○ 상담사업(회원관리/ 일반상담/ 전문상담 신입회원교육 외)

○ 평생교육사업(건강증진/ 문화예술/ 정서생활/ 한글, 영어, 컴퓨터 외)

○ 재가복지사업(사례관리/ 건강생활지원/ 김장, 나들이 지원 외)

○ 노인사회활동지원사업(노노케어/ 복지시설관리/ 실버강사 외)

○ 지역자원 연계사업(후원/ 자원봉사/ 홍보 외)

○ 조사연구사업(욕구만족도조사/ 연구/ 직원교육, 기관방문 외)

○ 기능회복사업(물리치료/ 건강정보 제공 외)

○ 참살이식당 운영사업(유무료급식/ 영양관리/ 위생관리 외)

○ 이미용실 운영사업(파마/ 염색/ 커트 외)

○ 셔틀버스 운행사업(교통편의 및 접근성 향상)

○ 기획사업(민관 공모 지원을 통한 사업)

4. 연간 예산

(단위 : 원)

<table>
<tr><th colspan="4">수 입</th><th colspan="3">지 출</th></tr>
<tr><th colspan="2" rowspan="2">구 분</th><th colspan="2">내 역</th><th rowspan="2">구 분</th><th colspan="2">내 역</th></tr>
<tr><th>2018년 결산</th><th>2019년 예산</th><th>2018년 결산</th><th>2019년 예산</th></tr>
<tr><td colspan="2">사업수익</td><td>79,900,130</td><td>84,474,000</td><td>사무비</td><td>497,052,530</td><td>541,785,200</td></tr>
<tr><td colspan="2">이용자부담금</td><td>–</td><td>–</td><td>재산조성비</td><td>18,624,000</td><td>19,100,000</td></tr>
<tr><td rowspan="3">보조금 수입</td><td>국고보조금</td><td>766,409,240</td><td>842,319,200</td><td>사업비</td><td>373,575,881</td><td>414,834,000</td></tr>
<tr><td>법인보조금</td><td>14,900,000</td><td>12,000,000</td><td>상환금</td><td>–</td><td>–</td></tr>
<tr><td>기타후원금</td><td>21,762,340</td><td>20,800,000</td><td>기타지출</td><td>6,126,962</td><td>2,280,800</td></tr>
<tr><td colspan="2">차입금</td><td>–</td><td>–</td><td rowspan="2">계</td><td rowspan="2">895,379,373</td><td rowspan="2">978,000,000</td></tr>
<tr><td colspan="2">기타수입</td><td>31,327,748</td><td>18,406,800</td></tr>
<tr><td colspan="2">계</td><td>914,299,458</td><td>978,000,000</td><td></td><td></td><td></td></tr>
</table>

5. 타 단체 지원 현황 (최근 3년 이내)

(단위 : 원)

년도	지원기관 (재단 및 다른 기관 포함)	지원사업명	지원 금액
2014년	KT&G복지재단	KT&G 차량공모사업	5인승 경승용차량
2016년	구로구청(교육지원과)	성인문해교육	2,970,000
	서울특별시남부교육지원청	2016 학력인정 문해교육	6,800,000
2017년	서울특별시남부교육지원청	2017 학력인정 문해교육	16,000,000

사 업 계 획 서

1. 신청사업

1) 신청사업명 : 1~3세대가 함께하는 지역사회 소통프로그램

「세대공감 마을신문 기자단 만들기」

2) 신청사업의 필요성

각종 노인실태조사 결과에서 알 수 있듯이 대다수의 어르신들이 TV 시청과 화투, 카드 등을 주요 여가활동으로 꼽고 있으며 사회참여 및 자원봉사활동 등에는 거의 참여하지 않고 있는 것이 현 실정이다(자원봉사 활동 경험 어르신 3.9%/ 자원봉사활동에 한 번도 참여한 적 없는 어르신 86.9%).

따라서 은퇴 이전 자신이 보유했던 전문 직업 기술이나 은퇴 후 습득한 기술을 통하여 사회에 참여시키는 것은 건전한 여가생활은 물론 노년의 자아존중감 향상을 위하여 매우 필요하다고 할 수 있다.

본 프로그램은 구로구 어르신, 청년이 함께하는 마을신문 기자 활동을 통해서 사회참여, 문화향유의 기회를 제공하고 자신의 재능을 개발하여 마을공동체를 형성하는 데 기여하게 함으로써 노년의 삶의 질 향상과 자존감 향상을 도모하고자 한다.

3) 신청사업의 목적

목 적	산출목표	성과목표
지역 내 마을신문 제작을 위한 세대공감기자단을 조직하여 전문기자단을 양성하고 온수골 마을신문을 제작하고자 함.	목표 1-1 구로구 지역 내 어르신, 청년을 대상으로 기자단 구성 ▶ 세대공감 기자단 15명 (어르신 10명, 청년 5명)	마을신문제작을 위한 세대공감 기자단 구성
	목표 1-2 모집된 15명의 기자단에게 교육, 언론기관 견학을 통해 전문기자로의 성장 도모 ▶ 전문양성교육 15명×3회=45명 언론기관견학 15명×1회=15명	전문양성교육 및 언론기관 견학을 통한 마을신문 제작 기술 습득

	목표 1-3 취재팀 구성 및 기획회의를 통해 500부의 마을신문을 2회 발행 및 배포 ▶ 취재팀 구성 15명×2회=30명 기획회의 15명×2회=30명 ▶ 마을신문제작 500부×2차=1000부 웹진 1부×2차=2부 ▶ 최종평가 세미나×1회=15명	마을신문 발행을 통한 지역사회 활동증진
1~3세대가 함께 문화교류 및 친목도모를 통해 세대가 공감하는 기자단을 형성하고자 함.	목표 2-1 연 2회 세대 간 문화교류체험을 통한 상호 이해도 향상 및 서로를 알아가는 기회 제공 ▶ 문화교류체험 15명×2회=30명	세대 간의 문화향유를 통해 상호 간의 이해도 향상
	목표 2-2 간담회를 통해 세대공감 기자단의 역량강화 및 친목도모 ▶ 간담회 20명×3회=60명	세대공감 기자단 상호단합

2. 서비스 대상

1) 대상 인원수

가) 서비스 지역 : 서울시 구로구

나) 서비스 대상 : 어르신 10명, 청년 5명(총 15명)

다) 서비스 대상 선정기준 및 방법(과정)

- 홍보를 통한 본 사업 참여를 희망하는 자 선발
- 사진촬영, 컴퓨터 활용이 가능한 자 선발
- 대상자가 초과될 경우, 면대면 방법을 통해 선발

라) 실인원수

대상구분	서비스대상자 산출근거	단위수(명)
① 일반대상	구로구에 거주하는 지역주민	415,446
② 위기대상	구로구 내 기자단 신청을 원하는 지역주민	24.500
③ 표적대상	1:1 면접을 통해 세대공감 기자단에 적합한 지역주민	50
④ 실인원수	표적대상 중 선별한 어르신 10명, 청년 5명(총 15명)	15

2) 대상자의 욕구

복지관에서는 이용 어르신을 대상으로 컴퓨터활용, 스마트폰 등의 교육이 진행되고 있으며, 이를 통해 스마트 활용능력을 익히고 세상과 소통하며 어르신들에게 건강한 노후와 여가를 즐길 수 있는 기회를 제공하고 있다.

2017년부터는 구로구 지역행사에 촬영봉사로 참여하는 등의 사회참여활동을 할 수 있었고, 유관기관들의 인력부족으로 행사사진 촬영에 어려움이 있던 바를 파악하여, 본 기관에서 역할을 담당함으로써 유관기관에 긍정적인 영향력을 끼쳤으며, 지역 내 어르신들이 다양한 활동에 대한 관심이 점차 높아지고 있음을 알 수 있었다.

3. 신청사업 내용

1) 사업내용

성과목표	프로그램명	활동(수행방법)	시행 시기	수행 인력	참여 인원	시행횟수·시간
마을신문 제작을 위한 세대공감 기자단 구성	세대공감 기자단 구성 (조직화)	■ 기자단 홍보/ 모집 및 발대식 – 대상 : 구로구 지역주민 – 인원 : 세대공감 기자단 (어르신 10명, 청년 5명, 총 15명) – 내용 : 마을신문 제작을 위한 세대공감 기자단 모집, 자아존중감 사전검사	4월	담당자	15명	–
전문양성 교육 및 언론기관 견학을 통한 마을신문 제작기술 습득	전문양성 교육	■ 전문양성교육 기자단 교육을 통한 전문기자 양성 과정 ■ 언론기관견학 구로타임즈(지역신문), 중앙일간지 등 언론기관 견학을 통한 기자활동 이해	전문양성 교육 5, 7, 9월 / 언론기관 견학 6월	담당자	15명	교육 총 3회 1시간씩/ 견학 총 1회 4시간

마을신문 발행을 통한 지역사회 활동증진	마을신문/웹진 제작	■ 콘텐츠별 팀구성 – 대상 : 세대공감 기자단 15명 (어르신 10명, 청년 5명) – 내용 : 마을신문 제작을 위한 콘텐츠별 팀구성 ■ 마을신문 기획회의(2회) – 대상 : 세대공감기자단 15명 (어르신 10명, 청년 5명) – 내용 : 브레인스토밍 회의/ 전체 키워드 선정 논의/ 키워드별 콘텐츠 분류 논의/ 콘텐츠별 취재 방향성 논의/ 취재 진행 장소 및 대상자 선정 논의/ 취재 진행별 질문 작성, 인터뷰 진행논의 등 ■ 마을신문 취재(2회) – 대상 : 취재 대상 지역 인물, 전문가(의사, 작가, 요리사 등), 지역 명소 등 – 내용 : 기획회의를 통해 나온 취재 내용으로 기자단 활동 실시(지역 명소탐방/ 맛집 탐방/ 어르신건강 전문의와의 만남/ 우리 동네 최고를 찾아서, 여행작가추천 장소, 지역 어르신복지안내, 칭찬합시다 등) ■ 마을신문 제작 및 배포(2회) – 대상 : 지역 주민, 사회복지 유관기관, 구로구청, 주민센터, 지하철 게시대 등 – 내용 : 500부 제작/ 제작된 마을신문 각 지역주민 및 지역 배포 ■ 최종평가 세미나 – 대상 : 세대공감기자단, 복지관 직원, 지역주민, 전문가 등 – 내용 : 세대공감기자단(어르신/ 청년)의 활동 내용을 최종평가하기 위한 세미나/ 사업평가/ 참여 어르신 자아존중감 사전 사후검사 발표	팀구성 4, 9월 / 기획회의 4, 9월 / 마을신문 발행 6, 11월 / 최종평가 세미나 12월	담당자	15명	팀구성 1회 1시간씩 / 기획회의 2회 2시간씩 / 최종평가 세미나 총 1회 2시간

세대 간의 문화 향유를 통해 상호 간의 이해도 향상	세대 간 문화교류 체험	■ 문화교류체험 – 내용 : '탑골공원과 홍대의 만남' 주제로 세대 간의 상호이해 향상	5, 9월	담당자	15명	문화교류 체험 2회 4시간씩
세대공감 기자단 상호단합	세대공감 기자단 역량강화 및 친목도모	■ 간담회 – 내용 : 세대공감 기자단 역량강화 및 친목도모를 위한 간담회 진행, 11월 간담회 일정 중 세대공감 기자단 자아존중감 사후검사 실시	간담회 5, 7, 9월	담당자	15명	간담회 3회 2시간씩

2) 수행인력

이름 (역할)	담당부서/ 직위	투입시간 (단위 : 1주일)	경력(년)/ 주요 업무	자격증 (신청사업 관련)
(슈퍼바이저)	총괄/ 관장	5시간	– **사회복지사(17년)** – 종합사회복지관 복지부팀장 – 노인복지관 부장 – 노인복지관 부장	사회복지 / 사회복지사 1급
(주담당)	사업운영팀/ 과장	10시간	– **사회복지사(8년)** – 노인종합복지관 대리 – 종합사회복지관 팀장	사회복지 / 사회복지사 1급
(부담당)	사업운영팀/ 대리	5시간	– **사회복지사(5년)** – 노인종합복지관 – 사회복지공동모금회	사회복지 / 사회복지사 1급

3) 목표에 대한 평가방법

성과목표	목표에 대한 평가방법			
	성과지표	자료원	자료수집방법	자료수집시기
마을신문 제작을 위한 세대공감 기자단 구성	– 세대공감 기자단 집단구성 여부 (1개 집단 15명)	– 입회원서 – 조직 내 응집력 – 사전사후자존감 검사	– 평균활동률 점검 – 실무자 관찰평가 – 사전사후 자존감 검사 실시	– 수시 – 수시 – 기자단 시작/종료 시 실시
전문양성교육 및 언론기관 견학을 통한 마을신문 제작 기술 습득	– 참여율 (80% 이상) – 교육 이해도	– 활동일지 – 마을신문 제작물	– 활동일지 수거 – 실무자 및 참여자 과정평가 – 제작물 완성도 평가	– 월 1회 활동일지 수거 – 분기별 마을신문 제작 시 – 분기별 마을신문 제작완료 시
마을신문발행을 통한 지역사회 활동증진	– 마을신문 발행 (2회) 여부	– 마을신문 발행 매체 – 제작과정 기록지 – 참여율(80% 이상)	– 제작물 완성도 평가 – 발행 매체 관심도 평가 – 최종평가세미나 자체평가	– 분기별 마을신문 제작완료 시 – 마을신문제작 최종 완료 시
세대 간의 문화향유를 통해 상호 간의 이해도 향상	– 활동참여율 (80% 이상) – 상호 이해도	– 출석부 – 활동일지 – 조직 내 응집력	– 평균활동률 점검 – 실무자 관찰평가	– 행사 시
세대공감 기자단 역량강화 및 상호단합	– 간담회 참석률	– 간담회 출석부	– 실무자 관찰평가	– 수시

4) 수행일정(2018년 3~12월)

내용 \ 기간	3월	4월	5월	6월	7월	8월	9월	10월	11월	12월
사업기획	▶									
대상자 모집 및 홍보		▶								
세대공감기자단 구성		▶								
기자단 전문양성교육			▶		▶		▶			
언론기관견학				▶						
문화교류체험			▶				▶			
간담회(3회)			▶		▶		▶			
마을신문 발행 배포(2회)				▶					▶	
최종평가 세미나										▶

4. 신청사업 예산내역

(단위 : 원)

관	사업비							
항	「세대공감 마을신문 기자단」 사업비							
목	세목	계	산출근거	예산조달 계획				
				신청금액	비율(%)	자부담	비율(%)	자부담 재원
총 계		5,600,000		5,000,000	100	600,000	100	-
사업비	홍보비	100,000	- 홍보비(현수막) 50,000×2회	100,000	2	-	-	-
	기자단 발대식	500,000	- 단체복제작비 30,000×15벌	450,000	9	-	-	-
			- 진행비 50,000×1회	50,000	1	-	-	-
	전문교육 과정	570,000	- 강사료 140,000×3회	420,000	8.4	-	-	-
			- 진행비 50,000×3회	150,000	3	-	-	-
	언론기관 견학	200,000	- 견학비(교통비) 200,000×1회		-	200,000	33	-
	문화교류 체험	450,000	- 체험비 10,000×15명×2회 - 차량비 5,000×15명×2회	450,000	9	-	-	-
	간담회	360,000	- 간담회진행비 8,000×15명×3회	360,000	7.2	-	-	-
	기획회의	200,000	- 회의진행비 100,000×2회	-	-	200,000	33	-
	사무용품	200,000	- 사무용품 구입 100,000×2회	-	-	200,000	33	-
	최종 평가회	120,000	- 평가회진행비 8,000×15명×1회	120,000	2.4	-	-	-
	마을신문 제작/ 배포비	2,900,000	- 인쇄비 1,400,000×2회	2,800,000	56	-	-	-
			- 배포비 50,000×2회	100,000	2	-	-	-

5. 신청사업 기대효과

- 참여 어르신들과 지역주민들이 함께하는 마을신문 기자 활동을 통해서 세대공감, 사회참여, 문화향유의 기회를 제공할 수 있음.
- 어르신 자신의 재능을 개발・기부하여 마을공동체를 형성하는 데 기여하게 함으로써 노년의 삶의 질 향상과 심리정서적 자존감 향상을 기대할 수 있음.

참·고·문·헌

기영화(2002). **평생교육프로그램 개발**. 서울 : 학지사.

김상곤 · 최승희 · 안정선(2012). **사회복지 프로그램 개발과 평가**. 서울 : 학지사.

김영숙(2002). **사회복지프로그램 개발과 평가**. 서울 : 교육과학사.

김영숙 · 김 욱 · 엄기욱 · 오만록 · 정태신(2002). **사회복지 프로그램 개발과 평가**. 서울 : 교육과학사.

김영종(2013). **사회복지 프로그램 개발과 평가**. 서울 : 학지사.

김통원(2003). **사회복지프로그램 개발과 평가**. 서울 : 학지사

______(2004). **사회복지 프로그램 개발과 평가**. 서울 : 학지사.

______(2009). **사회복지 프로그램 기획과 평가**. 서울 : 신정.

김학주(2008). **사회복지 프로그램 개발과 평가**. 서울 : 청목출판사.

김형식(1999). **사회복지프로그램 개발 평가**. 서울 : 아시아미디어리서치.

남기민 · 최성재(2006). **사회복지행정론**. 경기 : 나남출판.

성규탁(1994). **사회복지행정론**. 서울 : 법문사.

______(1998). **사회복지행정론**. 서울 : 법문사.

성향숙 · 이민홍 · 이재정(2008). 부산시 사회복지시설 후원활성화 방안 연구. 부산복지개발원.

양영철 역(2004). **기획서 제안서 작성법**. 서울 : 삼양미디어.

양점도 · 김미자 · 김장권 · 박영준 · 이권일 외(2009). **사회복지 프로그램 개발과 평가**. 경기 : 정민사.

양정하 · 임광수 · 김치영 · 황인옥 · 이종운 · 박남철(2011). **사회복지 프로그램 개발과 평가**. 경기 : 정민사.

오석홍(2001). **행정학**. 서울 : 박영사.

우수명(2004). **TP 사회복지 프로그램 개발과 평가**. 서울 : 인간과 복지.

이민홍 · 정병오(2012). **사회복지 프로그램 개발과 평가**. 서울 : 나눔의집.

이봉주 · 김기덕(2008). **사회복지 프로그램 기획의 이해와 적용**. 서울 : 신정.

이상균(2000). 사회복지실천 프로그램에 대한 메타분석. **한국사회복지학, 40**, 131-156.

이화정 · 양병찬 · 변종임(2003). **평생교육프로그램 개발과 실제**. 서울 : 학지사.

정덕근(1996). **사회복지프로그램 매니지먼트**. 서울 : 홍익재.

정무성 역(2001). **프로그램기획과 관리**. 서울 : 나눔의집.

_________(2002). **프로그램성과 평가**. 서울 : 나눔의집.

정무성(2005). **사회복지 프로그램 개발론**. 경기 : 학현사.

정무성 · 정진모(2001). **사회복지 프로그램 개발과 평가**. 서울 : 양서원.

지은구(2005). **사회복지 프로그램 개발과 평가**. 서울 : 학지사.

채구묵(2001). **사회복지조사방법론**. 서울 : 양서원.

최선화 · 박광준 · 황성철 · 안홍순 · 홍봉선(2006). **사회문제와 사회복지**. 경기 : 양서원.

최일섭 · 이창호(1993). **사회계획론**. 서울 : 나남.

최일섭 · 최성재(2002). **사회문제와 사회복지**. 경기 : 나남출판.

표갑수 · 이재완 · 유옥현 · 이화정 · 김현진(2013). **사회복지 프로그램 개발과 평가**. 경기 : 양서원.

황성철(2005). **사회복지 프로그램 개발과 평가**. 경기 : 공동체.

황성철 · 정무성 · 강철희 · 최재성(2003). **사회복지행정론**. 경기 : 현학사.

Bradshow(1977). A Taxonomy of Social Need. In G. McLachlan(ed.), *Problems and Progress in Medical Care Essays on Current Research*. 7th Series. London : Oxford University Press.

Epstein, I., & Tripodi, T.(1977). *Research Techniques for Program Planning, Monitoring, and Evaluation*. NY : Columbia University Press.

Hardina, D.(2002). *Analytical Skills : For Community Organization Practice*. NY : Columbia University Press.

Hawkins, F., & Gunther, J.(1998). Managing for Quality. In Edwards, Yankey, & Altpeter(eds.), *Skills for Effective Management of Nonprofit Organizations*. Washington D.C. : NASW.

Horton, P. B., & Leslies, G. R.(1970). *The Sociology of Social Problems*. NY : Appleton Century-Crofts.

Kettner, P. M., Moroney, R. M., & Martin, L. L.(1999). *Designing and Managing Problems : An Effectiveness-based Approaches*. Thousand Oaks, CA : Sage Publication.

Maslow, A. H.(1954). *Motivation and Personality*. NY : Happer & Row.

Merton, R., & Nisbet, R.(1976). *Contemporary Social Problems*(4th ed.). NY : Harcourt Brace Jovanovich.

Patti, R. J.(1983). *Social Welfare Administration : Managing Social Programs in a Developmental Context*. Englewood Cliffs, NJ : Prentice Hall.

Posavac, E. J., & Carey, R. G.(1997). *Program Evaluation : Methods and Case Studies*(5th ed.). Upper Saddle River, NJ : Prentice Hall.

Rabb, E. & Selznick G. J.(1959). *Major Social Problems*. NY : Harper and Row.

Rapp, C., & Poertner, J.(1992). *Social Administration : A Client-centered Approach*. NY : Longman Publishing Group.

Royce, D., & Thyer, B.(1996). *Program Evaluation : An Introduction*. Chicago : Nelson Hall.

Scriven, M.(1967). The Methodology of Evaluation. In R. E. Stake(ed.), *Curriculum Evaluation*. Chicago : Rand McNally.

Taber, M., & Finnegan, D.(1980). *A Theory of Accountability for Social Worker*. Urbana, IL : University of Illinois at Urbana-Champaign.

Tallman, I.(1976). *Passion, Action, Politics*. San Francisco : W. H. Freeman and Co.

Worthen, B. R.(1987). *Program Evaluation : Alternative Approaches and Practical Guidelines*. Longman.

York, R.(1982). *Human Service Planning : Concepts, Tools and Method*. Chapel Hill, NC : The University of North Carolina Press.

Young, R.(1966). Goals and Goal Setting. *Journal of The American Institute of Planners, 32,* 7.

찾·아·보·기

인 명

내 용

저/자/약/력

■ **조승석**

중앙대학교 대학원 졸업(사회복지학 석사)
건국대학교 대학원 졸업(사회복지학 박사)
전) 서울사회복지공동모금회 모금, 배분 팀장
신정종합사회복지관 관장
현) 인천광역시 사회복지위원회 위원
한국사회복지협의회 교육과정위원회 위원
경인여자대학교 사회복지학과 교수(학과장)

[주요 저서 및 논문]
지역사회복지론(공저), 사회복지공동모금회와 사회복지시설 간 조직권력이 관계만족에 미치는 영향 외 다수

E-mail : newsing@hanmail.net

■ **맹두열**

명지대학교 대학원 졸업(사회복지학 석사)
경기대학교 대학원 졸업(사회복지학 박사)
전) 명지대학교 사회복지대학원 겸임교수
고양시대화노인종합복지관 관장
고양시사회복지사협회 회장
양주지역자활센터장
현) 부천대학교, 경인여자대학교 겸임교수
사회적 협동조합 양주도우누리 이사장

[주요 저서 및 논문]
사례관리 이해와 적용(공저), 인간행동과 사회환경(공저), 노인복지서비스 품질이 재이용 의사에 미치는 영향 외 다수

E-mail : madcap38@hanmail.net

■ **김학재**

건국대학교 대학원 졸업(사회복지학 석사)
건국대학교 대학원 졸업(사회복지학 박사)
현) 하이원빌리지(노인복지주택) 사무국장
경인여자대학교 겸임교수
실버산업전문가포럼 학술위원회 간사
한국노년경제생활연구소 객원연구원

[주요 저서 및 논문]
노인복지시설의 기관혁신활동 연구, 시니어타운 시설장의 리더십이 서비스 품질에 미치는 영향 외 다수

E-mail : hjkim9001@hanmail.net

〈제2판〉

사회복지 프로그램 개발과 평가

|공저자| 조승석 · 맹두열 · 김학재

|1판 1쇄| 발행 2017년 7월 20일
|2판 1쇄| 발행 2019년 8월 20일
|2판 2쇄| 발행 2021년 8월 20일

|발행인| 김 동 훈
|발행처| 공 동 체

|주소| 경기도 고양시 일산동구 호수로 358-39
동문타워 I 905호(백석동)
|전화| 031) 920-8305(대표)
|팩스| 031) 920-8308
|e-mail| compub@naver.com
|출판등록| 2005년 10월 6일
|등록번호| 제396-2005-36호

|ISBN| 979-11-6105-501-5
정가 16,000원